我国民营银行
市场准入–退出机制研究

高　菲◎著

Study on Market Access-Withdrawal Mechanism of
Private Bank in China

经济管理出版社
ECONOMY & MANAGEMENT PUBLISHING HOUSE

图书在版编目（CIP）数据

我国民营银行市场准入—退出机制研究/高菲著 . —北京：经济管理出版社，2019. 6
ISBN 978 - 7 - 5096 - 6523 - 7

Ⅰ. ①我…　Ⅱ. ①高…　Ⅲ. ①私营经济—商业银行—市场准入—研究—中国 ②私营经济—商业银行—市场退出—研究—中国　Ⅳ. ①F832. 39

中国版本图书馆 CIP 数据核字（2019）第 068508 号

组稿编辑：魏晨红
责任编辑：魏晨红
责任印制：黄章平
责任校对：董杉珊

出版发行：经济管理出版社
　　　　　（北京市海淀区北蜂窝 8 号中雅大厦 A 座 11 层 100038）
网　　　址：www. E - mp. com. cn
电　　　话：(010) 51915602
印　　　刷：北京九州迅驰传媒文化有限公司
经　　　销：新华书店
开　　　本：720mm×1000mm/16
印　　　张：9. 5
字　　　数：181 千字
版　　　次：2020 年 10 月第 1 版　　2020 年 10 月第 1 次印刷
书　　　号：ISBN 978 - 7 - 5096 - 6523 - 7
定　　　价：58. 00 元

前　言

　　民营银行一直是金融学界讨论的热点问题，与民营银行相关的概念界定、现实路径、准入时机、退出机制等相关问题也一直备受热议。随着我国民营经济的发展，民营经济融资"瓶颈"的解决和融资结构的优化问题成为我国经济可持续发展的重要课题；同时，民营企业溢出的民间资本通过多年的积累，渗入民间借贷活动当中，作为对民营企业正规融资渠道不畅的回应，地下金融活动发展迅速，但由于长期游离于国家监管体制之外，其间伴随着高利贷和违法犯罪活动，急需良好的疏通渠道；我国加入世界贸易组织后，承诺对金融业全面开放，为求得与外资相同的国民待遇，民营资本试图利用自身优势进入银行业，与国有银行和外资银行共同发展。在上述背景下，为强化我国银行业的竞争机制，构建产权结构多元化的银行体系，同时防范金融风险的发生和扩散，民营银行的市场准入—退出机制被提上日程。围绕什么是民营银行、为什么发展民营银行、发展民营银行的现实路径选择，以及民营银行的市场准入—退出机制怎样完善等问题尚未达成共识，值得深入研究和探讨。

　　本书运用产业经济学中的产业组织理论，从民营银行市场准入与退出壁垒入手，通过定性和定量分析相结合的方式，探究我国银行业监管在民营银行准入—退出监管中存在的不足，通过对国外成功经验的考察与借鉴，继而对建设我国市场化的民营银行市场准入—退出机制提出构想，共分为七章进行研究。

　　第一章绪论，通过研究相关文献，突破以往研究的局限性，论述从民间资本逐利的本质出发，认为民间资本进入银行业的根本目的是追求垄断行业的垄断利润，而基于银行业的特殊性，需要设置准入—退出壁垒规制民营资本不能随意进出，避免出现过度竞争和风险外部化。是否引入民营银行，怎样建设民营银行需要对银行业结构与整体盈利水平进行具体分析，进而在以下章节对民营银行市场准入—退出机制进行探讨。

　　第二章民营银行市场准入—退出相关理论研究。首先对民营银行的定义、产业经济学中进入和退出壁垒的概念在本书中的应用范围给予界定。本书认为民营银行的定义最该强调的是"民有",即最重要的是产权组成,以及产权带来的经营权、收益权等权利归于民间和私人,与国营、官营对立。因此,民营银行是由非国有资本全额出资或控股,经营权和受益权等各种产权依法留归资本所有者的商业银行。同时,民营银行在《中华人民共和国公司法》和《中华人民共和国商业银行法》框架内,并接受相关金融监管部门的监管。本书中提及的民营银行均按这一定义展开讨论。

按照威廉·鲍莫尔(William Baumol)的定义剔除了结构性进入壁垒中规模经济和产品差异化因素,以及绝对成本优势中的固定成本,并将制度性进入壁垒容纳进来。从我国民营银行的角度出发,作为市场的潜在进入者,规模效应和绝对成本优势作为国有商业银行的效率租金必然存在。在我国的现实情况下,制度性进入壁垒因素影响明显。因此,本书研究的重点主要运用的是鲍莫尔的进入壁垒定义。

第三章我国银行业市场结构与竞争程度的分析。运用结构法的 SCP 范式和非结构法的 PR 模型对我国银行业结构中的市场集中度和市场中竞争强度进行实证检验。按照计量经济学方法,从集中度的角度来考察市场结构,利用卖方集中比率(CRn)检验的结果发现,按照乔·贝恩(Joe S. Bain)的市场结构分类,2003~2017 年银行市场结构从寡占Ⅲ型发展到寡占Ⅳ型。对国有银行的股份制改造,对国外银行的市场开放,以及成立国有股份制银行,明显降低了我国银行业市场集中度。同时,对银行业盈利能力进行关联分析,发现伴随我国银行业集中度的下降,银行业盈利能力增强。国有垄断结构并未给我国银行带来高收益率,股份制银行的建立和外资银行的进入,寡头垄断向垄断竞争格局发展,使银行业整体竞争机制增强,绩效指标普遍提高。

由此得出结论:我国的银行业市场满足 SCP 范式的结论,即与盈利能力呈正相关,与清偿指标、风险指标和流动性指标呈反相关。继续利用 SCP 理论的结论,市场结构对市场绩效的影响可以通过降低银行业的市场准入—退出机制,调整市场结构,增强市场中竞争强度,进而提高市场主体的盈利能力和经营效率。

除市场结构外,另外一些因素也影响着竞争行为,如市场的可竞争度。运用非结构法 PR 模型对银行业市场竞争强度进行实证检验,对银行业竞争程度进行考察,得出结论,我国银行业 H−统计值位于垄断竞争市场区间。进而分别对国有银行和股份制银行进行回归分析,发现银行业竞争程度明显增加,且国有银行竞争程度大于股份制银行,得出结论:民营资本进入银行业带来行业整体竞争强度的提高,产品差异化和领域错开式发展能够降低竞争过度的可能。

综合分析民营银行生存发展的市场环境,非结构法与结构法得出的结论相同。2003~2017 年,伴随市场集中度的下降,市场竞争程度随之上升,提高了银行业绩效水平。市场处于垄断竞争类型，且竞争程度有不断上升的趋势。因此，进一步提高我国银行业竞争程度，降低银行业市场集中度，将有利于我国银行业业绩水平继续提高。民营银行的市场准入机制会有利于存款、贷款上的分流，降低市场集中度，提高银行业市场竞争强度，同时带来银行业绩效的提升。

第四章我国民营银行市场准入的制度变迁与现行壁垒。从我国民营资本进入银行业的发展脉络出发，从我国民营资本进入银行业到现期民营银行的试点工作进程，可以看出我国对于民营银行的显性制度壁垒是逐步降低的，目前国家出台的政策大力鼓励民营资本进入银行业等垄断行业。

但是与显性制度壁垒相比，我国存在的隐性制度壁垒更为严重。主要体现在观念和体制上，在银行业等国有垄断程度高的行业，国有企业掌握巨大的既得利益，即使民间资本的准入门槛降低了，也还要打破"玻璃门"现象。此外，由于民营资本作为银行业的未进入者，所以需要通过审批。在注册、取得经营许可等具体活动中，要防止掌握审批权力的政府部门设租的机会，避免造成政治体制漏洞下的隐形制度壁垒。

第五章我国民营银行市场退出机制研究。通过案例分析我国银行业市场退出的实践，其中国有大型商业银行不适用市场退出，在对其他银行的兼并、关闭、解散和破产实践中，暴露出我国银行业市场退出机制的一些问题，从中寻找我国银行业市场退出机制中的不足。第一，缺乏系统的法律依据。对于实施中的具体内容没有明确规定。相关法律条文较为分散，没有形成系统的法律依据。第二，退出程序中政府介入过深。政府不具备解决债权债务关系的职能，缺乏按照市场规律组织银行市场退出的意识，无法完成风险的减小或分散，将遗留的问题和风险转嫁给托管企业。第三，我国多是经营管理不善或违规操作导致的债务危机被动退市，应从提高本国金融业竞争力的战略高度上，发展增强竞争实力和发展潜力、扩展市场份额为目的的主动性市场退出。第四，缺乏市场化缓冲和稳定机制。通过央行的再贷款、地方财政的拨款或其他方式筹资的做法在短期内抑制了金融恐慌，然而长期看来，需要存款保险制度进行金融风险的分散和缓冲。第五，缺乏主动市场退出手段。

第六章国外商业银业市场准入—退出机制经验借鉴。着重分析美国、英国、德国、日本银行业市场准入机制后发现：首先，各国普遍、长期存在市场准入壁垒，其壁垒强度和准入机制安排主要取决于一国银行业市场发展阶段，以及当时的经济发展情况。其次，银行业准入机制的调整应该是由金融需求推进，自下而上自然发展的结果，而不是监管部门从上到下下达指令。适当的准入机制来自银行与银行监管部门的自然博弈过程。最后，准入壁垒的降低伴随退出机制的强化，准入壁垒的升高伴随银行退出的减少。银行业准入壁垒降低，银行业市场逐步开放的阶段，就需要市场退出机制的不断强化。

对于问题银行市场退出机制考察，发现这些国家有以下几个特点：①拥有完善的法律体系，可以保证银行业市场退出时有法可依；②在法律框架下授权专门的组织机构实施银行业的监管；③多元化的手段与退出方式；④市场化的存款保险制度，其对我国民营银行的意义主要在于在一定的经济条件下，保护存款人的利益，维护公众对银行的信心，同时强化对银行的监管；⑤正确的市场退出最终目标，市场经济发达的国家通过存款保险担保和一些优惠措施吸引经营较好的金融机构投标，对退出银行进行合并、重组，取缔经营不善的被合并银行的同时，增强了合并银行的经营实力，拓展了市场份额，进而达到提高银行业经营效率的总体目标。

第七章我国民营银行市场准入——退出机制设计。提出我国民营银行的区位选择应是经济发达地区，市场定位在靠近特定客户群体的社区内。市场准入路径的现实选择是引导民营资本进行银行业存量改革，走渐进改革模式，在不触动原有经济体制的前提下进行体制外发展，避免了支撑体制内的资源流失，保持经济的平稳增长和体制的平稳转轨。对经济发展需求旺盛地区再采用流量建设。

具体措施包括，首先，对于当地经营状况相对较好的城市商业银行和农村信用社，通过吸收民间资本进行改造，完善公司治理结构和内控机制。其次，对于大部分经营不善但是有挽救价值的金融机构，仿照国有银行的改革模式，由中央银行和地方政府考虑剥离一部分不良资产，由政府指定机构承担和化解。利用税收优惠、无息或低息贷款等措施吸引民营资本参与金融机构改革。鼓励民间投资者对问题机构实行接管，注入资本进行重组，达到监管标准后再重新开展业务。最后，对于问题严重，挽救成本高昂的城市信用社和农村信用社，可以走市场退出程序破产。如果当地经济发展需要，考虑设立新的民营银行。

对于我国民营银行准入机制的框架设计，本书认为在准入时机的选择上取决于政府对宏观经济形式的把握和整体经济目标的实现。在市场准入的速度控制上应持审慎态度：一个层面是对民营银行的开放保持谨慎的开放次序；另一层面可以适当少数引入民营银行进行试点。此外，对民营银行市场准入的特许权实行多级持牌制度。在民营银行市场准入主体要求上，除了最低资本金规定外，还要具备现在法人治理结构，控制单一股权比例，防范内部人控制风险和关联贷款风险。

在民营银行市场退出机制设计上，需要建立健全相关法律，对退出的执行机构进行明确授权，完善最后贷款人制度，建设存款准备金制度，健全破产清算制度。此外，健全民营市场准入——退出相关配套制度：首先，完善监管法律体系；其次，建立风险预警体系；最后，推进利率市场化。

目　录

第一章 绪论

一、选题背景和现实意义

（一）选题背景

1. 发展民营经济，扩宽民营企业融资渠道

伴随我国改革开放 40 年的历史进程，民营经济也经历了从产生、发展，到逐步壮大的过程。从 1982 年个体经济以"社会主义公有制经济的补充"形式被认可①，到 1987 年明确指出"私营经济是公有制经济必要和有益的补充"②，再到 1997 年提出"非公有制经济是市场经济的重要组成部分"，③ 民营经济的合法社会地位逐步得到肯定和提升。直至 2013 年，党中央提出"公有制经济和非公有制经济都是社会主义市场的重要组成部分"④，前所未有地将非公有制和公有制经济的地位放在同一高度相提并论。据统计，截至 2017 年末，我国规模以上私营工业企业数量达到 22.2 万家，吸纳就业 3271 万人，资产总计 25.1 万亿元，主营业务收入 40 万亿元。民营经济为国有经济发展贡献了 50% 的税收、60% 的 GDP、70% 的城镇就业、80% 的新增就业和 90% 的新增企业数量。民营经济已经

---

① 1982 年，《中华人民共和国宪法》指出：在法律规定范围内的城乡劳动者个体经济，是社会主义公有制经济的补充。国家保护个体经济的合法权利和利益。

② 1987 年，党的十三大报告指出：在社会主义条件下，私营经济一定程度的发展，是公有制经济必要的和有益的补充。

③ 1997 年，党的十五届全国人民代表大会明确指出：非公有制经济是我国社会主义市场经济的重要组成部分。对个体、私营等非公有制经济要继续鼓励引导，使之健康发展。

④ 2013 年，党的十八届三中全会提出：公有制经济和非公有制经济都是社会主义市场的重要组成部分，都是我国经济社会发展的重要基础。

撑起了国民经济的"半壁江山"。

但发展至目前，民营经济发展趋势出现了一定的滑坡，"国进民退"现象的出现使民营经济的发展遇到了前所未有的困难。从盈利能力上看，2017年末，民营工业企业净资产收益率为19.6%，还远高于国有工业企业的9.9%，到了2018年上半年，民营工业企业则下落至10%，从杠杆结构上看，国有工业企业的资产负债率从2017年末的60.4%下降至59.65%，反观民营企业的资产负债率从51.6%飙升至55.6%，高额的利息负担已严重侵蚀了民营企业的利润空间。民营企业融资难、融资贵的问题凸显，融资难题关系着民营经济的生死存亡，民营经济融资渠道亟待拓宽。2019年3月5日，在第十三届全国人民代表大会第二次会议的工作报告中，李克强总理提出"改革优化金融体系结构，发展民营银行和社区银行"，首次在政府工作报告中强调发展民营银行。

2. 疏导地下金融，促进规范发展

一方面，源于民营经济发展的资本积累，我国存在大量的民间资本游离于实体经济和正规金融体系之外。另一方面，面对民营企业大量的资金需求，作为对于正规融资渠道不畅的一种回应，民营经济的融资难题催生了庞大的地下金融。地下金融从产生到发展，经历了非法集资、地下钱庄、合会、非法私募基金、互联网 P2P 等形式。截至2017年末，地下金融规模超过1万亿元。由于长期缺乏合法地位和法规监管，其背后容易藏污纳垢，滋生为走私、贪污等非法收入进行洗钱等违法犯罪行为。此外，地下金融虽然填补了民营企业融资力度的不足，但同时应该看到，其中掺杂了民间非法集资和高利贷行为，严重影响了我国的经济安全和金融安全。

国家一直致力于大力疏导地下金融，使其"阳光化"，引导民间资本向正规金融机构流动。小额贷款公司被认为是疏导民间借贷的暗流，使其阳光化的重要途径。截至2018年，我国小额贷款公司已逾8471家，贷款余额9630亿元，[①] 但小额贷款公司只能贷不能存的发展模式，严重制约了其发展，资本金决定了其发展规模上限。2009年6月，银监会发布通知："小额贷款公司依法合规经营，符合一定标准的，可在股东自愿的基础上，按规定改造为村镇银行。"[②] 这是地下金融向正规民营银行发展踏出的重要一步。

3. 应对开放的银行业环境

我国加入世界贸易组织以后，为兑现金融业全面对外资开放的承诺，允许外资银行进入我国银行业。从2007年4月起，根据《中华人民共和国外资银行管理条例》和《中华人民共和国外资银行管理条例细则》范围经营，外资银行全

---

① 带你了解2018年中国小额贷款公司机构经营情况［EB/OL］. 中商情报网，2018 – 05 – 02.

② 银监会. 小额贷款公司改制设立村镇银行暂行规定［S］. 2009 – 06 – 09.

面展开人民币业务，且没有地域和行业限制，享有国民待遇。凭借自身强大的资金实力、良好的经营和管理经验，在华外资银行所占的市场份额持续增长。2018年，面对中美贸易摩擦，贸易保护主义抬头的外部环境，我国金融业依旧坚持对外开放，并且取得了突破性进展。

在2018年4月10日的博鳌亚洲论坛上，习近平总书记提出放宽外资金融机构设立限制，扩大外资金融机构在华业务范围，拓宽中外金融市场合作领域。"金融开放11条"中明确：取消银行的外资持股比例限制，内外资一视同仁；允许外国银行在中国境内同时设立分行和子行。因此，2018年被称为"新一轮金融开放的元年"。外资银行的进入打破了我国银行业的国有垄断局面，给我国银行业的结构带来了深刻变化。在外资银行准入条例下，国内各界积极呼吁降低民间资本的银行业准入门槛，求得本国银行的国民待遇。

（二）现实意义

1. 强化银行业竞争机制

市场中的主体需要竞争来保持活力，银行业也不例外。有效的竞争机制能够使银行业不断提高对经济环境和金融市场变化的适应性，保持风险控制和技术创新的动力，提高银行核心竞争力。分析我国银行业市场结构，可以发现市场中还存在较高的准入壁垒，这在带来较高稳定程度的同时，削弱了来自"潜在竞争者"的竞争力量，特别是市场中民营银行进入艰难，弱化了国有银行的竞争意识，不利于公平竞争环境的构建。通过建设民营银行，在金融制度上积极创新，伴随民营银行的成长，促使国有银行在竞争中完善经营管理，同时健全银行业的监管机制。

民营银行市场准入机制的调整和完善，期望在不改变现有银行业整体结构，保持银行业稳定的基础上，适当引入具有相应资格和实力的民营银行，使市场中形成一定数量的、独立的、规模合理的商业银行布局，促进银行业整体有效竞争机制的形成，提高金融资源的配置效率。为激发经济增长的内生动力和活力，国家进一步鼓励和引导民间投资进入法律法规未明确禁止准入的行业和领域，推动各种所有制经济平等竞争，深化包括金融行业在内的传统垄断行业和领域改革开放。

2. 促进银行业产权结构多元化

在我国银行业的产权改革方面，国有银行的股份制改革首先做出了有益尝试，银行经营状况提高显著。然而，国有控股的商业银行仍然存在国有企业的一些痼疾。产权改革的另一条途径是建立民营银行，民间资本控股的民营银行产权结构清晰，自负盈亏，更有利于建立现代公司治理结构和有效的激励机制。在我国发展多层次的银行产权结构，可以提高银行业整体竞争力，增强银行业对经济的渗透作用，使之与经济发展相协调。民营银行准入机制就是要在明晰的产权制度下，科学设定民营银行的准入标准，让合格的民营银行充分发挥产权优势，建立现代企业治理结构，同时推进我国银行业产权改革进程，建立银行业多元化产权结构的高效体系。

2018 年 11 月 1 日，习近平总书记在民营企业的座谈会上要求，扩大金融市场准入，扩宽民营企业融资途径。我国金融业的主体是银行业，金融业准入的扩大重点是银行业的市场准入。允许民营资本进入银行业，才能有利于金融行业的改革，才能构建多层次、差异化、全覆盖的银行业金融体系。民营银行拥有的优势主要在于对本地厂商的信息成本优势，以及弥补国有银行和外资银行对中小企业服务领域的薄弱地带。早日完善民营银行的准入——退出机制，能够为民营银行的顺利发展提供制度保障。

3. 有效防范金融风险

一方面，金融业是具有经营风险的行业，民营银行的进入将带来银行业市场结构的深刻变化，通过 SCP 范式的实证研究，我们发现市场集中度的下降，将带来银行业在清偿能力、风险控制能力等方面的提升，更有利于银行业整体经营质量的提升。同时，民营银行的突出特点之一是按市场机制自主运作，不受政府股东角色的干预，而这一优势的发挥需要以健全的市场环境和有效的监管体系为前提。市场准入的规范可以防止民营银行进入市场的道德风险以及避免竞争过度现象的发生。

另一方面，银行业是风险汇聚的行业，民营银行的产生同时伴随风险发生的可能。市场化的优胜劣汰要求民营银行具备通畅的市场退出渠道，在撤出市场时降低金融风险的蔓延和对经济实体的冲击。目前，我国还处于经济转型时期，银行业的民营化作为新鲜事物，无论从法规建设，还是实践经验上都处于起步阶段。建立健全民营银行的市场退出机制，确保民营银行市场退出的程序有法可依，合理有序，同时能够有效保护存款人的利益。

二、国内外研究综述

（一）国外相关研究综述

1. 一般产业的准入——退出理论研究

从古典经济学家的代表人物——亚当·斯密（Adam Smith）开始，"竞争"

除了作为一种行为上的动作，更是一种市场的结构状态。完全竞争作为一种理想的市场结构，用来描述在满足一组条件后，市场中的完美状态：价格在长期均衡中达到最低水平，按边际成本定价，社会福利最大化，以及达到帕累托最优。与完全竞争相比，其他类型的市场结构则在不同程度上表现为效率的损失。垄断竞争理论在市场结构上将"产品同质"变为"产品差别"，寡头垄断则主要体现在厂商数目上的不同。如表1-1所示。

表1-1　四种市场结构状态的基本特征

市场结构类型	集中度	进出行业的难易程度	产品差异程度	厂商数目	价格的控制程度
完全竞争	低	容易	完全无差别	很多	没有
垄断竞争	较低	比较容易	有差别	较多	一些
寡头垄断	较高	比较困难	有差别或无差别	几个	相当程度
完全垄断	高	很困难	唯一的产品	唯一	很大程度

资料来源：高鸿业．西方经济学（第2版）［M］．北京：中国人民大学出版社，2001：187.

　　经济学家们也承认，完全竞争市场"不存在，也不可能存在，甚至大概从未存在过"[1]，而只是作为一种市场结构的比照基准而存在于理论之中。现实中长期存在的是完全垄断、寡头垄断或垄断竞争，这三种形态之所以存在并作为一种常态的原因究竟是什么？产业组织理论（Industrial Organization Theory）回答了这一问题。按照产业组织理论对于市场进出壁垒内容研究的不断深入，可以分为以下三个阶段。

　　第一，结构性壁垒研究阶段。产业组织理论的主要开创者是贝恩，他沿袭了新古典的分析逻辑框架，提出在现实存在的垄断市场结构中，垄断者凭借其垄断地位能够获得高于竞争性价格的价格水平，从而攫取超过要素机会成本的利润。这种状态得以维持、削弱与消除拥有进入权利的潜在进入者的合法竞争行为的因素是什么？贝恩的结论是：行业（或市场）中存在进入壁垒。进入壁垒是指："某一产业中的在位者相对于潜在进入者所具有的优势，这些优势反映在：在位者能够将价格提高到竞争性价格水平之上，而又不会招致新厂商的进入。"[2] 从另一个方面说，进入壁垒规定了新进入者必须要具备的竞争力。贝恩提出并系统分析了进入壁垒，提出了三种进入壁垒：规模经济、绝对成本优势、产品差别优势。这些因素同时对在位厂商的行为和绩效产生影响，进而影响产业集中度，因

① Clark J. M. . Toward a Concept of Workable Competition ［J］. American Economic Review, 1940（30）：241.

② Bain J. S. . Barriers to New Competition ［M］. Harvard University Press, 1956：3.

此可以将这三者界定为结构性进入壁垒。贝恩对市场结构和市场绩效关系进行了深入研究，建立了 SCP 分析范式，推动了产业组织理论的发展。

如果行业中长期存在的超额利润未吸引新厂商的进入，则显示该行业存在进入壁垒。那么，同理于准入壁垒的研究起源，当市场中长期存在低于正常利润水平而未致使在位厂商的退出，则显示该行业存在退出壁垒。退出壁垒的发现源于市场中的过度竞争行为。过度竞争表明行业中存在一定数量的过剩生产能力，这种过剩本来可以通过在位者缩减生产能力或者退出市场而得到消除，使得市场价格上升，利润水平进一步回升到正常水平。但如果这种过剩长期存在，得不到消除，则说明市场中退出壁垒的存在。

同时，进入壁垒和退出壁垒在现实中是结合在一起的。卡夫斯（Caves Rechard E.）和波特（Michael E. Porter）提出，能够构成进入壁垒的结构性来源往往蕴含着阻碍在位厂商自身退出的因素。[1] 这个论点在后期由沙博理（Shapiro D.）和卡玛尼（R. S. Khemani）经由经验研究证实。[2] 特别是进入壁垒中的规模经济和绝对资本优势，往往构成企业退出市场时的沉没成本。

第二，加入政府管制因素的制度性壁垒研究阶段。斯蒂格勒（Stigler George J.）在分析贝恩原有结构性进入壁垒的基础上认为，资本需要量和产品差异只是影响规模经济的因素，而不构成进入壁垒。他特别强调政府管制这一人为制度性壁垒的作用，并提出政府管制政策和产业政策建议。[3] 斯蒂格勒的这一观点对之后鲍莫尔等人提出的可竞争市场理论产生了很大影响。

美国新福利经济学家威廉·鲍莫尔等在芝加哥学派的基础上提出了可竞争市场理论（Theory of Contestable Markets）。亚当·斯密提出的传统完全竞争理论假定需要：①市场中存在大量厂商，且厂商规模较小，是价格的接受者；②产品同质；③进入和退出完全自由；④信息完全。有别于以上严格假定，可竞争市场理论认为，要获得良好的市场绩效并不必然需要众多的竞争企业。在寡头市场甚至在独家垄断的市场中，只要能够保持市场进入的完全自由，即不存在进出市场的成本，潜在的竞争会给予市场中的企业压力，无论何种市场结构，即便是天然垄断行业，企业都会采取竞争行为，形成高集中度伴随高绩效。

可竞争市场理论强调市场要是可竞争的，就必定不存在严重的进入和退出障碍，从而使得潜在进入者的潜在竞争威胁起到与实际竞争行为一样的作用，产生

---

① Caves Rechard E. and Michael E. Porter. From Entry to Mobility Bariers [J]. Quarterly Journal of Economics, 1977: 241 -261.

② Shapiro D. and R. S., Khemani. The Determinants of Entry and Exit Reconsidered [J]. International Journal of Industrial Organization, 1987, 5: 15 -26.

③ Stigler G. J. Perfect Competition, Historically Contemplated [J]. Journal of Political Economy, 1957, 65 (1): 1 -17.

对现有生产厂商实际的约束力，保证市场效率。因此，需要政府放松进入管制，即使只有一家厂商，也能实现良好的经济效率，这种观点修正了原本传统的竞争观点，特别是对天然垄断产业的政府规制有重要作用，对政府规制决策产生了深刻影响。从 20 世纪 70 年代开始，西方国家开始出现了放松管制的政府改革浪潮，范围涉及电力、金融等垄断行业和领域。

迈克尔·波特在企业竞争战略的论述中也强调了政府在产业进入和退出中的作用，他提出："政府通过许可证和对空气、水、环境等的保护条例能够限制甚至封锁进入；反之，政府在某些领域提供的优惠政策或补贴则有助于进入。"①

第三，与博弈论相结合的研究阶段。泰勒尔（Jean Tirole）将产业组织理论与博弈论的最新研究成果结合起来，分析信息不完全情况下厂商的进入、退出行为。他提出："在位厂商可以利用自己所掌握的较多信息阻止新厂商的进入或诱其退出，从而影响经济福利的变化。"② 博弈论的引入，意味着公司可以通过非市场性的制度安排，如合谋、内部整合、组织结构调整等手段，而不用依靠市场行为来阻止其他厂商进入。博弈论的核心概念是纳什均衡，即在给定其他参与人战略选择后，每个参与者选择的最优策略。现代产业经济学更多地运用了博弈论对潜在进入者的进入与不进入行为进行比较分析，同时也为政府制定保护竞争、反垄断政策提供了新思路。

掠夺性行为是博弈中常用的手段，当在位者选择某一限制产量或限制价格时，在这个条件下潜在进入者的最优选择是"不进入"。掠夺性行为的震慑作用可以达到遏制潜在进入者进入市场的目的。同时，一个厂商通过实施掠夺行为可以将其对手驱逐出市场。贝诺特（Benoit J. P.）提出："如果被掠夺厂商面临资金约束，那么他将处于不利地位。掠夺方可以承受更长期的损失，从而耗尽被掠夺厂商的资金储备。"③ "在完全信息条件下，被掠夺厂商将意识到自己的资金劣势并宁愿在博弈初期就退出市场。"④ 这种价格战的方式，意味着面临资金劣势的厂商将遭到进入遏制。此外，厂商还可以通过勾结性安排，要求一致性的削减产量，实现价格的上升，但这种做法在现实中很难做到。一致性协议需要全体厂商共同履约，一旦出现一家厂商的道德风险，协议就无法维持。此外，这种做法容易获得公众的反对，以及反垄断性法律的制裁。同时，文德斯（Wenders John

① Michael E. Porter. Competitive Strategy Techniques for Analyzing Industries and Competitors［M］. New York：The Free Press. 1980：267.

② Jean Tirole. Theory of Industrial Organization［M］. MIT Press. 1988：185.

③ Benoit J. P. Entry with Exit：An Extensive Treatment of Predation with Financial Constraints［R］. IMSSS Technical Report，NO. 405，Stanford University，1983：16 – 22.

④ Benoit J. P. Financial Constrained Entry in a Game with Incomplete Information［J］. The Rand Journal of Economics，1984（15）：490 – 499.

T.）也指出："产量的设计只是一种不可置信的威胁。倘若潜在进入者果真选择了进入战略，则在位者的最优反应则变为容纳，减少自己的产量，将空地留给进入者。"[①] 因此，在位者通过限制产量和价格等手段阻止其他厂商进入的效果是有限的。

另一个以博弈论为工具的进入阻挠策略行为建立在不同的时间序列上。在位者与进入者的主要区别在于进入市场的不同时序，在位者是市场的较早进入者，这种时间上的不同赋予二者行为上的不对称性。在位者可以抢先采取可置信的威胁战略，即先发制人，改变后进入者的博弈环境和支付成本，进而达到阻止其进入的目的。先发制人战略最常见的特征是在位厂商的抢先承诺（Preemptive Commitment）。承诺的载体有很多种，实际表现为在位厂商的不可逆投资。斯宾塞（Spence A. M.）提出以生产能力作为阻挠模型的战略工具。[②] 吉尔伯特和纽伯里（Gilbert R. J. 和 D. M. G. Newbery）设计出了以抢先取得专利权而阻挠进入的厂商博弈模型。[③] 施马伦希（Schmalensee R.）分析了通过品牌扩散效应抢先占领市场空间的案例。[④] 阿格海恩和波顿（Aghion P. 和 P. Bolton）建立了以长期合约为进入壁垒的模型。[⑤] 在博弈中，在位厂商抢先承诺的条件所隐含的是将自身锁定在现有市场中难以退出，这种阻挠策略的行为效力就来自给自身设限的退出壁垒。

2. 准入—退出壁垒衡量的实证研究

贝恩在 20 世纪 50 年代用计算规模比重系数（规模障碍系数）的方法计算最低经济规模与市场总规模的比重，系统分析了美国 20 个行业进入壁垒的实际情况。他试图通过检验市场集中度来检验进入障碍。市场集中度越高，表明进入障碍越大。具体公式为：$d = MES/S$。其中，d 为规模障碍系数，MES 为最低经济规模，S 为市场总规模。当 $d < 5\%$ 时，进入障碍较低；当 $5\% < d < 10\%$ 时，进入障碍一般；当 $d > 10\%$ 时，进入障碍高。这一判定标准被广泛采用，但也具有一定的局限性，例如，市场集中度并不完全由进入障碍所决定，还可能受企业的具体经营行为影响；由于各个国家间经济体大小情况以及对于市场中行业定义的不

① Wenders John T. Collusion and Entry［J］. Journal of Political Economy. 1971（79）：1258 – 1277.

② Spence A. M. Entry, Capital, Investment and Oligopolistic Pricing［J］. Bell Journal of Economy , 1977（10）：1 – 19.

③ Gilbert R. J. and D. M. G. Newbery. Preemptive Patenting and the Persistence of Monopoly［J］. American Economic Review, 1982, 72（3）：514 – 526.

④ Schmalensee R. Entry Deterrence in the Ready – to – Eat Breakfast Cereals Industry［J］. Bell Journal of Economics, 1978（9）：305 – 327.

⑤ Aghion P. and P. Bolton. Entry Prevention through Contracts with Customers［J］. American Economic Review, 1987（77）：288 – 401.

同，可比较性被减弱了。

通过对市场竞争程度的计算来检验市场进入壁垒的高低也是常用的方法。其中最著名的是勒纳指数（Lerner Index）和贝恩指数（Bain Index）。勒纳指数度量的是价格与边际成本的偏离度。具体公式为：

$$L = \frac{P - MC}{P} \tag{1.1}$$

其中，L 为勒纳指数，P 为价格，MC 为边际成本。L 越大，表示竞争程度越低。

贝恩指数度量的是市场中是否存在超额利润。具体公式为：

$$B = \frac{\pi_e}{V} \tag{1.2}$$

其中，B 为贝恩指数，π_e 为经济利润。B 越大，表明市场中存在的超额利润越高，市场垄断越明显。与规模比重系数一样，这些指标也存在同样的问题，准入壁垒有可能受竞争程度以外因素的影响，如市场结构等。

3. 银行业准入—退出理论研究

传统的产业经济学理论习惯将金融产业排除在外，更多地将金融作为宏观调控的政策工具和经济发展环境的外生变量。产业组织学创始人贝恩在《产业组织》一书中指出，产业组织学所研究的范围只是生产具有高度替代性的企业群，金融企业有着许多与非金融企业不同的特点和所需要研究的问题，因此，产业组织学的研究范围不包括金融企业。[①]

20 世纪 60 年代以来，国外经济学者开始逐渐尝试将一般产业理论的结论进行修正和补充，应用于银行业准入—退出理论研究。弗雷克萨斯（Xavier Freixas）和罗歇（Jean Charles Rochet）开始运用完全竞争模型和垄断竞争模型分析银行业市场的动态均衡。[②] 对于银行业市场进入和退出壁垒的研究集中在 20 世纪 80 年代以后，罗斯·列文（Ross Levine）在 1987 年通过对美国银行进入和退出文献的调查发现，当进入障碍放松或一个新的进入者出现时，典型的竞争增加，风险水平也趋于增加，并且新银行趋于集中于少数现存集中度较低的地区。[③]

20 世纪 90 年代，金融自由化浪潮推动了很多国家放松对银行业的管制，银行业的竞争性成为热点，研究侧重在准入机制的衡量，准入机制对金融市场结构的影响、对金融机构绩效的影响，以及准入机制能发挥作用所需的条件。经济学家们开始在 SCP 框架内对这一问题展开研究。

①　Bain, Joe S. Industry Organization [M]. first edition, John Wiley & Sons, Inc, 1959：176 – 178.

②　Xavier Freixas and Jean Charles Rochet. Microeconomics of Banking [M]. The MIT Press, 1997：274.

③　Asli Demirguc – Kunt, Ross Levine. Financial Structure and Economic Growth [M]. 黄纯纯译. 北京：中国人民大学出版社, 2006.

按照传统 SCP 范式，市场集中度越高，越有可能导致垄断，意味着资源配置的非效率和社会福利的下降；反之，低集中率的银行结构，更接近于完全竞争状态，银行业产生更高的绩效。伯格（Allen N. Berger）等考察了美国允许跨州经营以后的银行效率，认为外地银行的进入导致竞争的加强，促使本州银行效率的提高。[①] 卡林（Carlin，Wendy）和梅耶等（Mayer，Colin）的研究表明，银行集中度与 OECD 成员国的经济增长呈负相关。银行集中度低使得依赖于外部融资的行业增长加快。[②]

但在这些国家的市场发展早期，结果却是恰恰相反的。科可雷塞（Coccorese P.）运用了格兰杰检验法对意大利银行业 1991～2001 年 20 个地区所组成的面板数据进行实证分析后发现：在短期内，银行的集中会大大促进经济增长，但在长期里则会出现反向的因果关系，经济增长将倾向于降低银行集中度，会使银行业的市场竞争程度不断加强。[③]

切托雷利（Nicole Cetorelli）和彼得罗楼（Pietro F. Peretto）利用古诺模型检验许多家银行在个人储蓄及向企业借贷资金方面的相互竞争对经济的影响。他们认为，银行市场结构从两个方面对经济增长产生影响：一方面，银行数量越少，借贷市场总体信贷规模也越少；另一方面，银行数量越少，银行甄别项目的激励越大，更多的资金能够被分配给高品质的企业。[④]

皮特森（Mitchell A. Petersen）和拉詹（Raghuram Rajan）得出了与伯格相反的结论，他们认为银行业的垄断并不一定会降低融资效率。一个处于垄断地位的银行可以通过选择利率水平和信贷配给，或与借款人形成长期的联系达到对不同类型借款者进行甄别并减少道德风险行为的目的。此外，银行体系的垄断还可以减少银行间过度竞争带来的不稳定，因而对经济增长和发展是有利的。[⑤]

综合考虑上述两种观点，各自的实践验证表明银行业的垄断结构有利与否并不能确定，还取决于市场发展程度和阶段。除了市场发展阶段以外，银行集中度是在信贷市场规模和效率之间的权衡结果。欧洲委员会 1997 年认为，以低于

① Allen N. Berger, Anil K. Kashyap, Joseph Scalise. The Transformation of the U. S. Banking Industry: What a Long Strang Trip It's Been [J]. Brookings Papers on Economics Activity, Economic Studies Program, The Brookings Institution, 1995 (26): 55 - 76.

② Wendy Carlin, Mayer Colin. Finance, Investment, and Growth [J]. Journal of Financial Economics, 1995, 69 (1): 191 - 226.

③ Coccorese P. An Investigation on the Casual Relationships Between Banking Concentration and Economica Growth [J]. International Review of Financial Analysis, 2007: 1 - 14.

④ Nicole Cetorelli, Pietro F. Peretto. Oligopoly Banking and Capital Accumulation [R]. FRB of Chicago Working Paper, 2000 (12): 19.

⑤ Mitchell A. Petersen, Raghuram G. Rajan. The Effect of Credit Market Competition on Lending Relationships [J]. The Quarterly Journal of Economics, 1995, 110 (2): 407 - 423.

MES 进入的银行有可能比那些以等于（或超过）MES 的既有竞争对手的平均成本高于5%左右。如果一家既有银行拥有优势能力或经验的管理者队伍，或者优先得到其他重要的投入物资，或者存在使提供银行业服务成本随时间一直下降的规模经济，那么绝对成本优势就出现了。①

一些学者还对制度性准入壁垒进行了实证研究。巴斯（James R. Barth）、卡普里奥（Jr. Gerard Caprio）和罗斯通过对1999 年前后107 个样本国家银行法规的广泛调查，发现各国对银行业不同程度的限制导致了各国银行在其成本收益上的不同程度调整，并提出："过于严格的准入要求对银行的效率有负面影响，它会导致较高的利率和管理费用。"②

昆特（Asli Demirguc Kunt）、莱文（Luc Laeven）和罗斯文（Ross Levine）进一步对集中的产生原因及其作用效果进行了分析，通过77 个国家的银行水平数据来检验政府对银行竞争的种种限制对效率的影响，结果发现："政府导致的这样的集中会对金融系统不发达的发展中国家银行业的效率产生负面影响。而对于拥有良好金融系统和较多经济自由权的发达国家，通过市场行为产生的集中对效率的影响不大。"③

对于银行业退出机制的实证研究主要是一些银行案例的挽救和重组方式的经验总结。安德鲁·盛提出，在严格的市场经济下，银行业重组和稳健经营的策略中最简便的方法是进行破产清算，但这只是对个别发生问题的银行而言。如果银行问题由单个扩展到多数以至银行业时，通过银行重组等政府救助性措施来解决困境则是战略之举。④

20 世纪80 年代以来，美国联邦存款保险公司（FDIC）和处置信托公司（RTC）处置了总计9755 家问题银行。美国联邦存款保险公司指出，他们的经验表明，在不影响当地的市场环境情形下，尽快处置资产，尽可能使得"清理回收最大化"，保持"处理政策的一致性"等措施，能够有效降低处置危机的经济成本和社会成本，保持危机期间公众对银行体系的信心，维护银行体系的稳定。⑤

① 陈颖. 商业银行市场准入与退出机制问题研究 ［M］. 北京：中国人民大学出版社，2007.

② James R. Barth, Jr. Gerard Caprio, Ross Levine. The Regulation and Supervision of Banks Around the World – A New Database ［M］. Cambridge University Press, 2005.

③ Asli Demirguc Kunt, Luc Laeven, Ross Levine. Regulation, Market Structure, Institution, and the Cost of Financial Intermediation ［R］. Federal Reserve Bank of Cleveland, 2003（8）：593 – 626.

④ 安德鲁·盛. 银行业重组——从20 世纪80 年代银行危机中得到的经验教训 ［M］. 北京：金融出版社，2001.

⑤ 美国联邦存款保险公司. 危机管理：1980～1944 年联邦存款保险公司和处置信托公司的经验 ［M］. 刘士余，王科进等编译. 北京：中国金融出版社，2004.

（二）国内相关研究综述

我国对民营银行的研究兴起于 2000 年以后，主要从以下几个层面展开研究。

1. 民营银行市场准入机制的研究

第一，民营银行发展的现实性和必要性。

王睿认为，发展民营银行从宏观角度是优化金融资源配置效率的现实需要；从微观角度可以达到多种产权形式并存及互相促进。目前存在有效需求不能及时得到满足的现状，而我国现有金融市场在资金供给上存在明显障碍，民营银行可以疏通资金融通中的不畅，弥补现有金融体制的不足。①

杜莉和杜婕认为，民营银行作为银行产业中的新进成员，与其他银行一样通过大数原理和投资组合原理等自负盈亏，凭借自身产权清晰、区位近便、信息对称等差异化优势生存发展，是在我国目前开放经济条件下，与外资银行、国有商业银行共存的金融机构。民营银行的产生发展会促进我国金融业真正竞争格局的形成，促进金融业经营机制的改革，增强服务质量和金融业整体竞争能力。②

董成书和李剑锋认为，民营资本进入银行业后会实现产权的多样化，完善公司化治理模式，同时解决资本充足率不足和规范地下金融问题。③

康书生和刘莉对我国金融业的沿革进行了梳理，提出我国存在两种不均衡：各种经济成分对国民经济的贡献和获得的资金支持存在严重的不均衡；金融体系结构的变化滞后于整个经济市场化进程的不均衡。我国金融改革初步显现出诱致性制度变迁的痕迹，需要政府顺应微观经济主体，运用自己的强制力来推动制度变迁，将强制性变迁与诱致性变迁相结合来发展民营银行。④

张日新认为，是否取消对银行业实施的垄断性安排，取决于这种制度安排给政府带来的成本与收益的比较。现有制度的收益包括：保证了政府对资金分配的控制权，保持了强有力的宏观调控能力，保证了国有企业获得足够的金融支持和经济的平稳增长，维护社会稳定。成本体现在：资金约束影响国有银行盈利能力，对国有企业的资金支持不利于其提高经营效率，非国有企业的信贷要求难以满足，资源配置效率低下，造成全社会福利的损失。随着制度安排弊端的显现和民营经济发展的瓶颈的到来，收益下降而成本上升，民营银行已到开放之时。⑤

邢学艳（2001）通过实证分析我国商业银行产权、竞争与市场绩效的关系，

① 王睿. 我国民营银行发展障碍及对策 ［J］. 宁夏大学学报（人文社会科学版），2004（5）：71–77.
② 杜莉，杜婕. 走出民营银行市场定位的误区 ［C］. 民营银行——台湾的实践与内地的探索［M］. 上海：复旦大学出版社，2003.
③ 董成书，李剑锋. 关于我国民营资本进入银行业的思考 ［J］. 科技资讯，2007（10）：183.
④ 康书生，刘莉. 民营银行市场准入的制度分析 ［N］. 中国经济时报，2006–07–12.
⑤ 张日新. 我国民营银行市场准入的时机选择与框架设计 ［J］. 金融论坛，2002（1）：18–21.

研究我国商业银行经营业绩的影响因素，得出我国银行业进入管制过于严格而产生负效应。

刘晓娜（2012）通过面板数据模型分析我国银行业市场结构、产权机构和绩效的关系，得出我国市场份额与银行业绩效呈显著负相关，进而提出降低市场进入壁垒，鼓励股份制银行扩张规模，营造多元竞争环境。

第二，民营银行的主要服务群体和市场定位。

景及权等提出，目前我国以大银行为主导的金融体系，与中小企业之间资金供求不匹配，应逐步放开对民间资本的限制，带动民间存在的地下金融走上地面。民营银行应该把经营目标放在大银行相对薄弱的农村，避免与大银行之间争夺高端客户，双方进行消耗战，而应将市场定位于中小企业。①

陈岩运用产权理论讨论民营银行的存在与效率的紧密关系。从交易成本的角度来说，民营银行存在交易成本的节约，科斯定理也在一定程度上对民营银行的效率做出了拥有说服力的理论证明。因此，民营银行特别是中小民营银行会促进效率的提高。②

安翔以美国的社区银行和日本农村合作金融的发展情况为研究对象，认为它们都服务于经济体中的弱势群体，自身不存在规模优势，但是由于准确的市场定位和比较优势的充分发挥，以及一系列法律和制度配套体系的支撑，使其能够在大银行的高度竞争环境下，积累生存能力，扩大生存空间。借鉴它们的成功经验，应将民营银行的发展方向定位在发展我国的社区银行，运用民间资本促进我国城市商业银行和农村信用社的改革。③

文琼回顾了我国银行业市场准入的发展脉络，提出我国民营银行客观发展的空间逐渐显现。民营银行的准入目标要根据所在区域的金融资源供需关系决定，特别是一些经济发达地区，社会资金充裕，市场经济环境完善，货币化程度高。应成立中小银行或社区银行，为小型企业、私营企业和个体工商户服务。④

王冠（2007）认为，民营资本的进入可以有效解决供需失衡引发的资本金不足问题，应放松进入限制，鼓励中小银行发展。

第三，发展我国民营银行市场准入的路径选择。

对于民营银行的实现路径选择，现在理论界分为两派：增量改革派和存量改革派。

① 景及权，丁鸣，李绍杰. 从中小企业融资看金融民营化 [J]. 浙江金融，2003（8）：35－43.
② 陈岩. 民营银行理论 [J]. 天津商业大学学报，2003（2）：24－25.
③ 安翔. 路径依赖下民营金融发展的国际比较——以美国社区银行和日本农村合作金融的发展为例 [J]. 经济问题，2007（8）.
④ 文琼. 中国内地民营银行市场准入的路径选择 [J]. 经济问题探索，2003（9）：87－90.

建议采用增量改革模式观点的以徐滇庆教授为代表，强调民营银行要走增量改革模式，通过新设民营银行进行试点，促使民营银行法规和监管体系的健全。徐滇庆强调利用增量改革发展民营银行，最重要的意义不在于为中小企业提供金融服务，而是通过银行制度创新打破银行业国有产权垄断的局面，加强金融市场的竞争环境。重新进行制度安排的好处是不必通过城市商业银行或农村信用社，这样没有以往不合理的制度约束，不受既得利益集团的牵制，没有历史包袱。①

持同样观点的还有于谨凯和李毕争，认为增量改革更具有优势和可行性，我国经济体制的改革证明体制外增量改革是可行路径，市场经济机制完善化的趋势是银行业的市场化，组建民营银行的增量改革优势不劣于存量改革。②

孙莉针对我国民营中小企业融资难的问题，在借鉴美国、欧洲等国外社区银行经验的基础上，提出发展民营金融的具体路径是培育体制外金融成长的底层推进，放开金融市场的进入和退出壁垒，这需要稳定的制度结构环境，政府的作用主要是制定合理的制度，激励内生于民营经济的金融机构产生。③

建议采用存量民营化模式观点的以王自力为代表，他们对民营银行法律框架的完善、银行业市场环境的成熟等生存发展的条件提出了疑问，认为民营银行在引入之前需要时间先论证和完善以上问题。抱着审慎原则，民营银行更应该走支持现有国有金融机构改制的存量民营化道路。

王自力从我国金融业现状分析，国有银行的不良资产和中小金融机构的发展困境，使得降低金融风险成为金融改革的首要问题。开放民营银行准入会成为"能人们"显神通、玩关系的追逐对象，成为各利益集团为自己融资的场所。即使这些问题可以避免，家族势力的把持、黑恶势力的滋生也会影响新生民营银行的健康成长。因此，新设立民营银行为时尚早。而对城市商业银行和农村信用社的"民营化"方式，则不存在政策障碍，可操作性更强。④

赞同王自力博士观点的还有王硕平等人。他们从解决农村信用社历史包袱的角度出发，认为民营银行的准入方案首先遵循的是稳定原则、全局原则和成本原则。从宏观经济的角度出发，金融管理当局会在制度设计上以成本最低为有限原则。出于对关闭和破产金融机构的高昂成本考量，管理当局更愿意采取救助和重

---

① 民营银行准入不宜缓行．徐滇庆驳缓行论［EB/OL］．http：//www. southcn. com/finance/finance-news/guoneicaijing/200212160127. htm. 2002. 12. 16.

② 于谨凯，李毕争．我国民营银行的市场准入与退出机制：博弈策略分析［J］．海南金融，2007 (5)：16 - 19.

③ 孙莉．我国民营金融机构的发展与定位——国外社区银行的启示［J］．山西财政税务专科学校学报，2004 (6)：17 - 20.

④ 王自力．民营银行准入：目前还宜缓行——兼与部分呼吁开放民营银行的同志商榷［J］．金融研究，2002 (11)：12 - 15.

组的方式。新建民营银行除了成本高昂之外，也缺乏市场生存空间，只会造成过度竞争。因此，应运用民间资本对农信社、城信社和城市商业银行进行改造，促进其化解包袱，重置股权，改变经营机制。①

姜应祥在民营银行市场准入的策略选择上提出：民营资本事实上已经进入我国银行业，而民营银行发展的速度取决于国有企业民营化程度。除了民生银行外，我国组建的商业银行都是在处置城市信用社风险的基础上重组而成的。目前，我国银行数量已经达到适度竞争的标准，民营资本想要进入银行业，最现实的途径是支持中小商业银行的发展，逐步改善中小银行的股权结构，逐步控股成为民营银行。②

黄湃认为我国经济转轨时期，民营银行存在市场准入压抑问题，其形成机理主要在于决策层的顾虑。出于对民营银行的发展会削弱金融资源的控制力，降低金融宏观调控效果的考虑，形成了政府层面的制度壁垒。解决方式之一是在确保国有商业银行绝对控股的前提下，对现有中小银行等金融机构进行重组、改制。③

持审慎观点的还有董红蕾，通过考察台湾银行业民营化改革过程中出现的问题，包括银行资产质量恶化，不良债权升高；银行盈利能力下降，资信等级降低；经营状况恶化，挤兑现象频发等现象，她提出：金融市场开放应该遵循一个谨慎的顺序，即先建立健全金融监管，再逐步实行公营银行民营化，最后放开市场准入，允许设立新的商业银行。④

第四，民营银行准入监管体系和所需外部环境的研究。

李德在我国加入世贸组织的背景下提出，由于开放经济对银行稳定性的巨大影响，监管当局应当对银行进行全面和系统的风险监管，包括控制银行的准入。但同时，过严的准入管理也容易产生由于银行垄断而造成的不稳健经营者。因此，准入管理的原则不是通过提供垄断经营来保护倒闭的银行，而是要造就一个高效服务经济和公众利益的银行体系。⑤

王松华运用金融深化理论分析我国的金融抑制问题，认为应降低政府对金融机构的参与经营程度，允许非国有金融的发展，制定相应的法律法规和行业准入条件，强化民营金融机构的运营监管，探索民营金融发展的新模式。⑥

①　王硕平，蓝波，丘海民．存量改革：民营银行准入的现实选择——兼论农村信用社历史包袱的解决思路［J］．南方金融，2003（1）：18－21．

②　姜应祥．民营银行市场准入的策略选择［J］．中国金融（半月刊），2003（7）：28－29.

③　黄湃．论民营银行市场准入压抑问题［J］．经济经纬，2006（5）：128－131.

④　董红蕾．民营银行市场准入的路径选择——台湾的经验与启示［J］．经济论丛，2003（3）：55－61.

⑤　李德．开放经济中的金融监管研究［J］．财贸经济，2001（4）：56－67.

⑥　王松华．中国民营金融的发展现状及其对策研究［J］．经济师，2005（3）：9－11.

付广提出资本结构与经营激励、收购兼并、代理权利竞争和监督机制之间都存在密切相关，为便于央行监管和银行业的稳健经营，政府可以通过资本结构的限制来对民营银行进行分级管理。结合民营银行的资本实力、管理水平、遵纪守法情况，给予不同等级的牌照，规定不同的经营范围。①

沈爱华等运用信贷配给模型，讨论了民营银行准入政策的社会福利效应得出结论，在现有金融结构的约束下，民营银行准入的社会福利增进是有条件的。如果只给予民营银行贷款权，禁止进入有价证券市场，中小企业融资难问题可以部分改善，但是只限于一些高成长型企业。如果同时准入贷款和有价证券市场，有了多元资产选择时，民营银行的趋利行为导致资产的均衡配置，特别是当有价证券安全收益大于中小企业贷款收益时，中小企业融资仍然困难。②

冯瑞认为，改革开放以来，我国建立了多元化的金融机构，但是民营金融机构的发展难点在于我国利率尚未市场化，法律法规不完善，业务同质现象明显，金融监管相对乏力的困境。他提出要加快实现利率和汇率的市场化，建立民营金融机构的准入—退出机制，并且加强监管。③

2. 民营银行市场退出机制的研究

第一，银行业退出壁垒的研究。

王颖捷研究了陷入困境银行的退出壁垒，认为银行不仅具有一般企业的退出壁垒，还有其特有的社会性退出壁垒。降低陷入困境银行高社会性退出壁垒的原则是规避金融风险的传导性，处理好保驾护航式退出与市场化退出机制的关系，处理好成本与收益的关系。相应的国际经验是完善预警制度，建立、完善法律法规，专业而权威的机构监督银行的退出，采取不同的形式处理困境银行的退出，建立和完善存款保险制度，以降低退出壁垒并保证经济和社会的稳定。④

范湘凌将问题银行的风险处置成本划分为问题银行资产损失、并购成本、金融危机蔓延的社会成本、政府干预调控成本、政府制定公共政策的成本等。提出救助性并购可以以较低的成本避免银行倒闭，保持金融体系的稳定，是各国推崇的银行市场退出方式。我国应完善相关立法，建立起以市场调解为主、政府监控为辅的救助性并购模式。⑤

第二，完善我国市场化银行业市场退出机制。

杨谊通过对中国银行的退出现状进行考察，认为中国银行业还没有建立起有

① 付广. 我国民营银行市场准入问题初探 [J]. 河北经贸大学学报, 2002 (6): 36 – 40.
② 沈爱华. 民营银行准入的福利效应研究 [J]. 华东经济管理, 2008 (12): 64 – 66.
③ 冯瑞. 我国金融民营化面临的困境及对策 [J]. 郑州轻工业学院学报 (社会科学版), 2005 (4): 18 – 22.
④ 王颖捷. 陷入困境银行的退出壁垒和我国相关问题研究 [J]. 金融论坛, 2003 (2): 23 – 26.
⑤ 范湘凌. 救助性并购: 问题金融机构市场退出的路径选择 [J]. 西南金融, 2008 (2): 61 – 62.

效的市场退出机制和相关制度安排。通过一个二阶段的完全信息动态博弈模型分析提出，由于银监会未建立起有效的成本约束下的市场退出机制，使得相机抉择的关闭机制对于商业银行而言是不可置信的威胁，促进了商业银行的冒险投资，加之隐形存款保险的存在，形成了巨大的社会成本和福利损失。因此，加快市场退出机制建设并建立与之相配套的显性部分存款保险制度是一个绝佳选择。①

第三，银行业市场退出机制的监管。

黄国强等从我国近年来已处理的金融机构退出案例出发，认为我国金融监管机构的措施被动、滞后，没有专门的法律法规可依，对投资环境和信誉产生负面影响，提出应尽快建立有效的金融机构市场退出的一系列制度。②

谭向东通过分析我国民营金融发展存在的四方面障碍：认识性问题、市场性问题、盈利性问题和金融监管有效性问题，提出应该消除认识误区，为民营金融提供发展的外部环境，具体表现为建立存款保险制度，建立健全民营金融机构的退出机制和多层次风险救助体系，提高监管有效性。③

刘士余通过对危机产生原因的理论分析，提出了完善中国金融安全网的制度安排，并指出中国已具备建立存款保险制度的市场基础，监管部门亟待借此来加强对银行的监管和风险处置能力。应在借鉴国际经验的基础上，结合我国银行体系的特点，建立符合国情的存款保险制度，完善金融安全网的建设。④

3. 对现有研究的评价

综合以上文献，笔者认为上述研究成果有一定的局限性，表现在以下几个方面。

首先，对于民营银行的现实必然性目前已经形成定论。我国学者的关注角度主要集中在：①我国面对外资银行的市场开放带来的冲击，建议培育一批有竞争能力的民营银行，增强国有银行的竞争意识；②随着民营企业的资金需求逐渐扩大，民营企业融资瓶颈问题的暴露使学者们呼吁建立多层次金融结构，特别是建立民营银行，为民营经济提供资金支撑；③随着银行业私有化风潮席卷全球，我国学界从建立银行业多元化产权结构的角度讨论了民营银行发展的必要性。以上论述主要从宏观角度出发来分析民营银行的有益作用，但是忽略了民间资本逐利的本质。民间资本进入银行业的根本目的是追求垄断行业的垄断利润，而基于银

---

① 杨谊. 显性部分存款保险下的有效银行退出机制：基于成本收益分析下的博弈分析 [J]. 财经科学，2005 (5)：18－22.

② 黄国强，陈瑞华. 我国金融机构市场退出的制度安排构想 [J]. 特区经济，2008 (7)：22－24.

③ 谭向东. 我国民营金融发展的障碍及对策 [J]. 湖南财经高等专科学校学报，2005 (4)：17－19.

④ 刘士余. 银行危机与金融安全网的设计 [M]. 北京：经济科学出版社，2003：56－62.

行业的特殊性，需要设置准入—退出壁垒规制民营资本不能随意进出，避免出现过度竞争和风险外部化，这也是本文探讨的出发点。

其次，对于民营银行的市场定位，主要存在几种说法：①社区银行，为特定区域内企业和个人提供服务；②中小银行，由于民营银行自身资本总额较小，应以小额贷款为主要业务，针对中小企业客户服务；③专业性银行，主要为民营企业和农业融资服务。这种定位主要是从民营银行自身优势角度出发，然而，是否引入民营银行、怎样建设民营银行需要与我国经济发展阶段相结合，从银行业结构与整体盈利水平进行具体分析，特定地区应该分别分析市场集中度与银行盈利水平的关系，本书将对这一问题进行论证。

最后，对于引入民营银行的路径选择上的争议，一种是存量上的农村信用社和城市商业银行的民营化；另一种是增量上的直接设立民营银行。存量改革的模式是从监管者角度思考的，为化解我国现有农信社和城市商业银行的历史包袱，抱着审慎的态度，在不触动银行业基本结构的前提下，希望利用民营资本、民营银行参与国有金融机构的改制，达到双赢的目的。但应注意的是，如果不能使民营资本有未来获利的预期，且盈利额超过其他投资利润，那么这种想法只能是一厢情愿。这种模式需要其他相关条件的配合，例如对国有金融机构历史债务的剥离，机构经营机制的转换，同时给予民营资本一定期限的税收优惠，作为进行改组改制的成本弥补等，这样才能够鼓励民营资本进入银行业存量改革的积极性。

全新设立民营银行的方式简捷、直观，最大的意义在于观念上的革新，利用试点银行作为实验性质的投石问路，逐步摸索和调整民营银行市场准入—退出机制的细节。但同时应该引起重视的是，银行业不同于一般企业，在刚刚经过金融危机之后，我国存款保险制度尚未建立之前，银行倒闭带来的风险是社会承受不起的。如果由国家承担，则又成了农信社和城信社的翻版。

笔者认为，存量改革和增量改革模式是可以同时进行的。鉴于我国民营经济体制外增量改革的成功，民营银行在控制好银行系统风险的前提下是可行的。增量改革的有利之处在于结合了民营银行的发展和国有金融机构的转制，需要国家倾斜政策的配合。具体的改革时机和地区不在于监管体系的完善，也不在于民营资本进入市场的冲动，而是应该根据我国经济发展的现有阶段和银行业发展结构从宏观考虑。一个健全的民营银行市场准入机制应涵盖以上两种情况，包含民营资本存量准入机制和民营银行的增量准入机制。这也是本书重点论证的内容。

因此，本书在理论上就相关的民营银行定义、准入壁垒概念等在理论上给予界定。在实践上，首先，在我国民营银行准入必要性方面，研究我国银行业结构与绩效的关系，考察民营资本进入银行业是否会带来行业整体经营能力的提高。

其次，在民营银行的市场定位方面，考察我国股份制银行与国有银行发展中的可竞争性，寻找民营银行生存发展的现实途径。再次，在民营银行改革的实现路径方面，找出符合我国目前经济发展现状的最优路径。最后，对民营银行的发展需要建立的配套措施进行讨论。

三、研究思路与框架结构

（一）研究思路

本书从民营银行的相关概念入手，首先对民营银行的概念进行界定，利用产业经济学的产业组织理论，将市场进入和退出壁垒的定义用来分析我国民营银行市场准入、退出机制的建立。通过结构法 SCP 范式对我国银行业 2003～2017 年银行业市场结构变化进行分析，发现我国银行业符合 SCP 范式结论，即市场集中度与盈利能力呈正相关，与清偿指标、风险指标和流动性指标呈反相关。接下来，运用非结构法 PR 模型对银行业近年银行业竞争程度进行数据回归，从竞争程度的变化因素分析银行业壁垒情况。综合以上结论可得出：民营资本进入银行业会带来行业整体竞争度的提高，进而带来银行业发展质量的深层次提升。因此，降低我国银行业的市场集中度，加强银行业竞争程度，降低市场准入壁垒，有利于我国银行业的健康发展和我国经济增长水平的提高。

分析民营银行发展的市场环境后，进而分析民营资本进入银行业的制度环境。从准入和退出两个角度进行考察，从案例分析中寻找我国民营银行的市场进入、退出机制中存在的问题。通过借鉴和学习国外准入—退出机制的经验，结合各国国情和银行业发展阶段总结经验和教训，对建立适合我国的民营银行的准入—退出机制提出构想。对民营银行市场准入—退出机制建立和完善是一项长期的、动态的、复杂的工程，需要通过实践和积累，以及随着现实情况的发展不断调整、革新。基于目前我国正处于民营银行试水初期，本书对民营银行的市场定位、产品定位、准入的时机、开放的速度、实现路径的选择等问题，结合我国目前的实际情况给出自己的判断。对于民营银行的市场化退出机制的建设以及所需相关机制的配套给予阐释。

（二）基本框架结构

本书的研究主要依托产业经济学中的产业组织理论，同时运用制度经济学和信息经济学的相关结论，在对我国银行业市场结构与市场竞争强度进行实证检验的基础上，梳理我国民营资本银行业市场准入的制度变迁，进一步通过实践找出我国银行业市场准入—退出机制中的不足。在借鉴国外银行业市场准入—退出机制的成功经验后，提出对我国民营银行的市场准入—退出机制框架的构想。本书在结构安排上分为七章，五个部分：

第一部分为绪论部分，即第一章。论述本书写作的选题背景和现实意义、通过对相关的现有研究文献进行梳理，提出本书的研究思路、框架结构、研究方法及力图实现的创新。

第二部分是实证检验部分，即第二章和第三章。第二章为实证做理论准备，首先，界定本书涉及的民营银行、准入、退出壁垒等相关概念；其次，论述产业组织理论中哈佛学派与芝加哥学派关于结构与效率关系的争论；最后，对鲍莫尔的可竞争市场理论进行论述和评价。第三章综合分析民营银行发展的市场环境。首先，运用结构法 SCP 范式对我国银行业结构演变进行实证检验，选择市场集中度指标对我国银行业近 15 年的资产集中度、存款集中度和贷款集中度进行测算。其次，运用非结构法 PR 模型对银行业市场竞争程度进行实证检验，采用 PR 模型的 H–统计值分析我国银行业近些年的竞争程度，得出影响银行业竞争程度的主要壁垒因素。最后，结合以上检验得出结论。

第三部分是我国银行业市场准入—退出案例研究部分，即第四章和第五章。首先，梳理我国民营银行市场准入的制度环境。从我国民营资本进入银行业的发展脉络出发，分析我国民营资本市场准入的制度变迁，考察其中的制度壁垒强度。其次，对我国民营银行业市场退出实践的研究，通过案例分析从中寻找我国银行业市场退出机制中暴露的不足。

第四部分是国外银行市场准入—退出机制的经验借鉴，即第六章。着重分析美国、英国、德国、日本等市场经济发达国家的银行业准入机制，以及对于问题银行的救助和市场退出机制。重点考察这些国家在经济发展速度上升和下降过程中对银行准入—退出监管机制的调整措施，结合各国经济的发展阶段，总结宝贵经验为我国所用。

第五部分是对我国民营银行市场准入—退出机制的设计构想，即第七章。首先，明确准入—退出机制设立的原则和目的；其次，分析我国民营银行进入市场的现实路径选择；再次，分别针对我国民营银行市场准入机制以及退出机制进行设计和构想；最后，对于民营银行市场准入—退出机制所需的相关配套制度提出政策建议。

四、主要研究方法

本书在对我国民营银行市场准入和退出机制研究进行梳理和总结之后，主要运用产业经济学，特别是产业组织理论，以及制度经济学、信息经济学等理论，结合十年来我国银行业结构的发展情况，对民营银行的准入和退出机制进行系统和深入的研究。在研究过程中主要运用的研究方法有以下几种。

（一）规范分析与实证分析相结合

采用规范分析法，先对民营银行的概念和自身特点、生存所需市场环境和制度环境等进行论述与分析，得出民营银行的规律性特点。然后，通过对我国现有民营银行案例分析我国准入和退出机制上存在的问题，借鉴国外对民营银行准入与退出机制设定的经验，对我国的准入和退出机制进行设计。

（二）定性分析与定量分析相结合

本书对民营银行、沉淀成本、进入壁垒等概念给出定性分析，在研究准入机制时，对国外的准入机制状况、准入机制与经济发展之间的关系、我国准入机制的设计上运用数据定量分析；在研究退出机制时，对于目标银行的风险状况将定性分析与定量分析有机结合起来。

（三）静态分析与动态分析相结合

本书对民营银行的优缺点进行分析论述，对民营银行所需的准入机制、退出机制与其他制度安排，给予分项静态分析，在第七章对民营银行市场准入—退出机制构建，以及之后需要调整和调整的依据时，构建一个动态分析过程。

（四）归纳方法与演绎方法相结合

本书从银行业自身特点出发，运用产业经济学的理论成果，总结归纳出准入和退出机制对银行业发展的重要作用；运用信息经济学，结合对我国银行业实际发展阶段的反思，演绎出我国民营银行的现实可行性发展途径，对我国市场准入—退出机制提出构想。

（五）国内与国外相结合

考察我国现行银行市场准入—退出机制中存在的不足，通过对国外现实情况和案例的分析，总结国外准入、退出机制的成熟经验，通过比较分析，为我国准入和退出机制的设计提供借鉴。

五、力图实现的创新

（一）研究切入点的创新

本书在监管部门和民间资本之外，试图找到新的切入点，即政策制定部门，对民营银行市场准入时机、路径选择以及退出安排进行研究。民营银行的准入——退出机制是我国银行业的制度创新，也是垄断行业管理制度的改革。鉴于垄断行业开放初期的垄断利润，民间资本迫切进入银行业市场的逐利动机永远存在。监管部门鉴于对新生事物监管机制的缺失和不完善，坚持审慎性态度。然而，制度建设最终需要以法律形式规定下来，制定法律法规的政策制定部门需要宏观考虑我国经济发展水平、发展阶段、国外经济影响，甚至其他政治和社会因素。综合衡量制度改革带来的总成本和总收益，最终确定制度改革方向和改革的时机。

（二）研究内容的创新

本书在对相关概念的定性研究方面和我国银行业市场机构的定量研究方面的创新。第一，民营银行的定义尚存在争议，本书在分析总结现有定义的基础上给出自己对民营银行的概念界定。第二，比较分析经典理论中准入壁垒和退出壁垒的几种概念，找出适合我国民营银行问题研究的准入壁垒和退出壁垒范围界定。第三，将定量分析数据更新至 2017 年，重点分析我国国有银行上市，建设股份制商业银行、民营银行试点等重大事件之后银行业结构和竞争程度的变化，得出我国银行业市场结构处于寡占Ⅳ区，竞争程度已明显提高。民营银行的发展路径应该走渐进式发展，重点在于将存量机构中引入民营资本与流量试点推进与民营银行相结合。

第二章　民营银行市场准入—退出相关理论研究

一、相关概念的界定

（一）民营银行

民营银行暂时没有统一的定义，现有定义主要从以下三个方面进行说明：一是从产权角度，将民营银行定义为由民间资本全资或控股的银行；二是从公司治理结构角度，将民营银行界定为具有现代公司治理结构的银行；三是从资产结构角度，将民营银行界定成为民营企业融资服务的银行。这三点同时或部分地出现于现有的民营银行定义中。

曾康霖认为，民营银行是相对于官营银行或国有银行而言，产权为民间所有，由经理层独立自主经营，以盈利为目的，资产的所有者享有对净利润的分配权，即自由资产、自主经营、自享利润。① 其强调的是民有、民营、民享。

同样强调控股权和治理结构的还有陈岩，他认为，民营银行是民营资本总体超过总股本50%，且具有现代银行治理和风险防范体系的股份制商业银行。②

董红蕾从产权角度出发，并加上设立依据，提出：民营银行是依照《中华人民共和国商业银行法》和《中华人民共和国公司法》发起，由非国有经济实体出资设立并取得控股权，经金融监管当局批准，可以吸收公众存款、发放贷款、

---

① 曾康霖. 民营银行：敏感而需要讨论的金融热点话题［C］//民营银行——台湾的实践与内地的探索［M］. 上海：复旦大学出版社，2003.
② 陈岩. 中国民营银行行动纲领［M］. 北京：经济管理出版社，2000.

办理结算等业务的企业法人。①

李国峰的定义从民营银行业务结构和设立依据、设立意义等方面出发，认为民营银行是我国以国有银行为主体的现有银行体系的组成部分，是对我国现有银行制度和产业结构的必要补充，是指依据《中华人民共和国公司法》及《中华人民共和国商业银行法》的有关规定，向民营企业、城乡居民定向募集资本而设立的吸收公众存款、发放贷款、办理结算等银行业务，依靠银行自身信用，以效益性、安全性、流动性为经营原则，实行自主经营、自担风险、自负盈亏、自我约束的企业法人组织。②

姜波克在李国峰的定义基础上补充：是在国有体制之外，主要以中小银行为基础可以逐渐发展壮大的银行产业组织力量。③ 这一概念基本概括了三个主要方面。

总结以上几种典型的民营银行概念，笔者认为，定义是用来区隔与其他类型银行不同的特征性描述。首先，民营银行属于商业银行范畴，也属于一般企业范畴。因此，在李国峰、姜波克等的定义中，自担风险、自负盈亏等对一般企业的要求可以从定义中剔除，吸收存款、发放贷款等商业银行业务特征也可以剔除。其次，将是否具有现代公司治理结构作为判断民营银行的标准，也没有把民营银行与一般企业区分开，可以不作为定义中的特征性描述。再次，从产生方式来看，民营银行可以是民有资本进驻原金融机构重组而成，也可以是民营资本出资新建，董红蕾的定义将前一种方式忽略，只提出出资新建，因此定义是不完整的。最后，以姜波克的定义为代表，对于将资产结构是否为民营企业贷款作为判断民营银行的标准是不确切的。民营银行作为商业银行的一种，其资产结构可以是多元的，即以利润最大化、风险最小化为经营准则，在允许其经营的范围内向任何类型的企业进行贷款，无论贷款企业原有的产权组成是国有的还是民营的。

综上所述，笔者赞同曾康霖强调民有、民营、民享的做法，认为民营银行最该强调的是"民有"，即最重要的是产权组成，以及产权带来的经营权、收益权等权利归于民间和私人，与国营、官营对立。因此，民营银行是由非国有资本全额出资或控股，经营权和受益权等各种产权依法留归资本所有者的商业银行。同时，民营银行在《中华人民共和国企业法》和《中华人民共和国商业银行法》框架内，并接受相关金融监管部门的监管。本书中提及的民营银行均按这一定义

① 董红蕾. 民营银行市场准入的路径选择——台湾的经验与启示 [C] //民营银行——台湾的实践与内地的探索 [M]. 上海：复旦大学出版社，2003.

② 李国峰. 关于民营银行发展的几个问题 [J]. 经济参考研究，2001（7）.

③ 姜波克. 民营银行发展的基本理论和战略选择 [C] //民营银行——台湾的实践与内地的探索 [M]. 上海：复旦大学出版社，2003.

展开讨论。

（二）进入壁垒

1. 进入壁垒的理论表述

贝恩的进入壁垒概念是"某一产业中的在位者相对于潜在进入者所具有的优势，这些优势反映在位者能够将价格提高到竞争性价格水平上，而又不会招致新厂商的进入。"[1] 贝恩提出三种进入壁垒：规模经济、绝对成本优势、产品差别。[2] 其中，规模经济壁垒使市场进入者由于市场环境、筹资规模等因素的限制，很难达到最优成本规模，而与在位厂商相比所处于的劣势；绝对成本壁垒是指在位企业具有优越的生产技术、研究开发能力，筹资能力而阻碍进入者的一种壁垒；产品差异化壁垒是由在位企业的品牌、区位以及客户关系等差异化优势引起的壁垒。这三种因素可以总结为结构性市场进入壁垒。

斯蒂格勒（G. J. Stigler）在1968年在对在位厂商与进入者之间成本差异研究的基础上也提出了进入壁垒的概念，认为进入壁垒是那些"新厂商进入一个市场所负担的，而这一市场中的在位厂商不负担的生产成本"。与贝恩主要是从在位厂商角度出发，将进入壁垒定义为对市场在位者的全部成本优势相比，斯蒂格勒从市场进入者角度，提出比在位厂商面临的额外多出的成本差额，才构成进入壁垒。

首先，斯蒂格勒认为产品差异不必然构成进入壁垒，而只是在位厂商率先进入这一市场的报酬，是在位者的优势。如果市场在位企业与进入者的差别化若是源于企业过去的计划、广告和销售等因素，则构成进入壁垒；反之，如果这种差别化源于企业本期的行为，则进入者和在位厂商具有相同条件采取行动，所需费用不构成进入壁垒。其次，规模经济不是在任何时候都构成进入壁垒。如果市场进入者能够获得与现有企业相同的成本曲线，生产与最大现有企业相同的产量，那么规模经济就不构成进入壁垒。

冯·维茨塞克（Von Weizsacker C.）沿袭了斯蒂格勒"进入成本"的定义，并将社会福利效应纳入概念中，从社会福利的角度对进入壁垒进行了扩展，提出进入壁垒是指"必须由试图进入行业的厂商负担，而无须由行业在位厂商负担的生产成本；从社会的角度看，它意味着资源配置的一种扭曲"。[3] 维茨塞克认为

---

① Bain Joe S. Barriers to New Competition, Cambridge [D]. M. A.; Harvard University Press, 1956.

② Bain Joe S. Conditions of Entry and the Emergence of Monopoly [J] //E. H. Chamberlin ed.. Monopoly and Competition and Their Regulation [M]. London: Macmillan, 1954.

③ Von Weizsacker C. A Welfare Analysis of Barrier to Entry [J]. The Bell Journal of Economics, 1980, 11 (2): 420.

只有构成社会福利损失的进入限制才是进入壁垒，判断是否给予某一方提供保护的标准在于总效率的提高与否。

鲍莫尔等（Baumol 等）对于进入壁垒的定义与冯·维兹塞克大致相同，他们认为："某个行业具有进入壁垒的特征，如果在事实上存在着某种进入成本 E(y^e)，这种进入成本必须由新到该行业的厂商承担，而在位厂商（垄断者）却不用承担。"① 鲍莫尔进一步对进入成本进行了细分，认为进入成本并不必然表现为进入壁垒，只有当潜在进入者所面临的进入成本高于在位者实际曾支付的进入成本时（如果存在），这些"额外"的成本才能成为进入壁垒存在与否的指标。同时，他提出了沉淀成本的定义，认为沉淀成本是指在机构因素中那些在短期和中期无法消除的成本（一旦被承诺，它再也无法参与生产的一部分机会成本），这一成本形成了福利损失，也构成了进入壁垒。而固定成本和规模经济以及由此而产生的绝对成本优势，则应当作为在位者成本中的一种效率租金（Efficiency Rent）。此外，行业中的人为进入限制，使得潜在进入者必须比在位者支付更高的进入成本，例如进入的时滞更长、所付费用更高等，都表明进入壁垒的存在。

综上所述，广义的进入壁垒可以分为结构性壁垒、制度性壁垒和行为性壁垒。结构性进入壁垒（Structure Barriers to Entry）主要是指贝恩提出的市场中在位者的结构性优势，包括绝对成本优势、规模经济和产品差别优势。行为性进入壁垒（Behavioral Barriers to Entry）是指除结构性壁垒之外，在位的垄断者（或勾结的寡头集团）可以采用限制性定价手段，借以实现阻止进入的目标，只要他预期低于垄断价格的限制价格所致的短期利润损失至少可以被将来进入威胁消除后而获得的垄断利润的贴现值所补偿。② 这两种壁垒属于内生进入壁垒。

制度性进入壁垒是政府采取法律或行政手段强制性地限制新厂商的进入，从而对市场中在位者构成的垄断保护。制度性进入壁垒是一种外生性进入壁垒，造成市场中人为的垄断结构，会造成比前两种进入壁垒更大的社会福利损失。

一般来说，进入壁垒就是由市场的潜在进入者所要承担的，限制其进入市场的各种因素之和。这种障碍可以是市场内在位企业所具有的优势，由市场进入者所要承担的成本，即结构性进入壁垒；也可能是市场中在位企业采取行动给予市场进入者加大的成本，以阻止其进入市场，即行为性进入壁垒；也包括市场外部政府和监管部门对于产业进入行为所设置的控制措施，目的是宏观调控社会的均

① Bamol W., J. Panzar and R. Willing. Contestable Markets and the Theory of Market Structure [M]. New York: Harcourt, Brace, Jovanovich, 1982: 201.

② Bein J. S. A Note on Pricing in Monopoly and Oligopoly [J]. American Economics Review. 1949 (39): 448.

衡发展，即制度性进入壁垒。

斯蒂格勒的概念指明了规避贝恩所说的规模经济壁垒的条件，即在怎样的情况下，不存在规模经济壁垒，并进一步将产品差异化的形成原因按照时间维度进行了细分，将市场进入者进入市场当期的产品差异化从进入壁垒中排除。鲍莫尔的定义中，实际上剔除了结构性进入壁垒中规模经济和产品差异化因素，以及绝对成本优势中的固定成本，提出了其中的沉淀成本概念，并且进一步将制度性进入壁垒容纳进来。

从我国民营银行角度出发，作为市场的潜在进入者，规模效应和绝对成本优势作为在位国有商业银行的效率租金必然存在。在我国的现实情况下，制度性进入壁垒因素影响明显。因此，鲍莫尔的进入壁垒定义更适用于我国现实，本书研究中均运用这一概念。

2. 进入壁垒的表达式

按照传统的产业组织理论，市场准入机制具体来说就是新企业进入市场所要具备的一些条件，也可以理解成为市场对于想要进入的新企业所设置的所有障碍的总和，即所谓的进入壁垒。贝恩的定义是从在位企业的角度提出来的，进入壁垒使得潜在者与在位厂商比起来处于不利的竞争地位，从而确保在位厂商能够长期获得超额利润。

按照贝恩的定义，对于进入壁垒的测量相对简单。长期存在的超额利润，与假定潜在竞争者进入市场后形成的市场价格均衡之间，二者的对比关系就能够用来测量壁垒的高度以及分析壁垒的结构性因素。对于进入壁垒的判定，是基于产业中潜在进入企业被市场中的高利润吸引，却不能成功进入的现象。从潜在进入企业的角度，有两种情况阻止其进入：其预期的进入利润是负的；或是进入这个市场低于其他投资活动带来的利润。企业在权衡之后，如果试图进入，却被阻止，则只能知道进入前的市场情况，企业进入后的均衡是无法观测的，也就无法比较与其他投资活动的利润之差。因此，进入壁垒的计算成为一个猜测的过程。

另外，进入壁垒针对不同企业，由于企业经营能力和所处的情况不同，壁垒程度的高低往往也不同。衡量进入壁垒程度，通常是将最具优势的可能进入企业与市场中现有企业进行比较，即测量"进入的直接条件"。[①]

进入壁垒的程度，用新进入企业与原有企业利润函数的差额表示。假设原有企业的产业水平为 x_0，可获得利润的贴现值为 $\pi_1(x_0)$，进入后新企业的最佳产出水平为 x^*。则下列关系存在，说明存在进入壁垒：

$$\pi_1(x_0) > 0，但 \pi_2(x^*) < 0 \tag{2.1}$$

① Bein J. S. Barriers to New Competition [M]. Harvard University Press, 1956.

即新企业被市场中利润吸引，但进入后利润为负。两者的差额即为准入壁垒：

准入壁垒 $= \pi_1(x_0) - \pi_2(x^*)$ (2.2)

将式（2.2）加、减 $\pi_2(x_0)$，写成：

准入壁垒 $= [\pi_1(x_0) - \pi_2(x_0)] + [\pi_2(x_0) - \pi_2(x^*)]$ (2.3)

式（2.3）中右端第一项 $[\pi_1(x_0) - \pi_2(x_0)]$ 表示同一均衡产量水平条件下，新进入企业与原企业利润函数的比较，即斯蒂格勒判定的进入壁垒程度的标准。右端第二项 $[\pi_2(x_0) - \pi_2(x^*)]$ 表示新进入企业在不同产量水平条件下，利润程度的比较，即新进入企业比市场中原有企业在成产规模上所处的劣势所导致的利润损失。

假设收入为 $R(x)$，成本为 $C(x)$，则有：

$$\pi(x) = R(x) - C(x) \qquad\qquad (2.4)$$

若 $R_1(x_0) > R_2(x_0)$，即存在产品差异化。或者 $C_1(x_0) < C_2(x_0)$，即存在绝对成本优势，则式（2.3）右端第一项 $[\pi_1(x_0) - \pi_2(x_0)]$ 成立。

新进入企业的市场份额可能会比原有企业的市场份额小，即 $x_0 > x^*$。若 $R(x)$ 随 x 的上升而上升，或 $C(x)$ 随 x 的上升而下降，即存在规模优势，则式（2.3）右端第二项 $[\pi_2(x_0) - \pi_2(x^*)]$ 成立。

需要说明的是，进入壁垒的影响还取决于一系列市场条件，它们作为外生变量改变 $R_2(x^*)$ 和 $C_2(x^*)$，具体的影响方向有所不同。若市场是迅速扩大的，则进入壁垒相应降低。同时，技术进步和消费者偏好的改变也会使进入壁垒产生变化，同时对新进入企业的经营行为产生深远的影响。

（三）沉淀成本

1. 沉淀成本的理论表述

鲍莫尔等的可竞争市场理论中重要的假设条件就是市场中企业的进入和退出是完全自由的，即沉没成本为零。在这个条件下：①企业具有快速进出市场的能力。潜在进入者能够采取"Hit and Run"策略，即在现有价格水平下，企业能够利用一个即使是短暂的赢利机会，由潜在进入者变为进入者去市场中参与竞争，当价格下降到无利可图时，企业立即获利离场。②撤出市场时的沉淀成本为零，可以保证不存在退出障碍。退出自由的重要性甚至强于进入自由，对退出的限制将会阻止进入，不能自由顺利退出的市场势必减少来自潜在进入者的竞争。[①]

---

① Baumol W. , J. Panzar and Willing R. D. Contestable Markets and the Theory of Market Structure [M]. New York：Harcourt, Brace, Jovanovich, 1982.

卡夫斯（Caves Rechard E.）和波特（Michael E. Porter）将沉淀成本的概念拓展至人力资本，认为高层管理也是一项专门技术，这种技术在其他场合用处不大。他们提出："在内部人控制的企业中，管理者为使其专用的人力资本更长久地获取租金，避免退出动作为其职业绩效带来不良记录而影响管理者的流动性，因而有动力阻碍退出决策的形成。"[①]

2. 沉淀成本的表达式

根据传统新古典理论：当预期的市场价格高于厂商一定产量下的长期平均成本时，新厂商会选择进入；当市场价格低于长期平均成本时，在位厂商则选择退出。竞争市场的长期均衡，表现在市场价格等于厂商长期平均成本的一点以获得正常利润。即对于 DSAs 的摊提作为每期成本折旧费用（普遍使用直线折旧法），等于最终的资本残值。在现实中，沉淀成本的普遍存在，投资厂商的一般做法也是这样处理的。将沉淀成本作为折旧摊提在每期的生产成本当中，这里假设折旧率固定，设其为 r，投资时 DSAs 价格为 P_e，退出时残值为 P_w，则一般而言，$P_e > P_w$，C 是 DSAs 每期摊提折旧后的成本，$C = P_e - r \times t$，其中 $t = t_2 - t_1$，为摊提期限。

摊提时段 t_1 至 t_2，从 t_1 时点折旧开始，到 t_2 时点折旧结束，在这个时段内，$P_w < C < P_e$，如果厂商已经在市场中，由于成本折旧无法完成的损失，使得厂商将选择滞留在市场中，从而 $C - P_w$ 之间的沉淀成本构成了厂商的退出壁垒（见图 2－1）。通过市场机制的打破壁垒，要求 DSAs 的使用期限，即 t 够长，足以完成全部折旧的摊提，或者市场中产品价格的下跌，使得未来的期望净现值跌至不高于资本残值的水平，最大化行为假设下面临亏损的在位厂商便会做出缩小规模或退出市场的抉择。结构性退出壁垒能够在一定程度上遏制厂商的退出行为。然而，当价格跌至特定水平，使得在位厂商的期望现值最高不超过资本残值，资产重置与更新就成为可能。

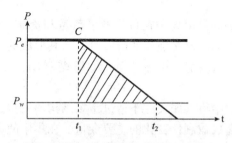

图 2－1　沉没成本折旧摊提示意图

① Caves Richard E. and Michael E. Porter. "Barriers to Exit", Essays on Industrial Organization in Honor of Joe S. Bain, Cambridge ［M］. M. A.：Ballinger, 1976.

二、"结构—效率"说与"效率—结构"说

（一）哈佛学派的"结构—效率"说

产业组织理论的研究起步于 20 世纪 30 年代的哈佛大学。1938 年，梅森（Mason）开始对市场竞争过程中的组织结构、竞争行为和竞争结果进行经验检验。[①] 哈佛学派按照市场结构（Structure）—市场行为（Conduct）—市场绩效（Performance）的 SCP 框架对市场关系进行分析，认为市场结构、厂商行为和市场绩效之间存在一种单向、静态的因果关系，即市场结构决定厂商行为，从而市场结构通过厂商行为影响市场运行和厂商绩效。

在 SCP 分析框架中，有关金融市场结构的研究要综合考虑市场中企业数量、规模、产品差异化程度以及进入退出壁垒等，其中企业数量与规模是最容易被量化的，即市场集中度，因而被作为市场结构的主要指标。利润率则作为衡量市场绩效的标准之一，对二者之间的关系研究处于研究的核心位置。理论中，将市场中企业数量的多寡作为相对效率改善程度的改善标准，认为随着企业数量的增加，竞争程度的激烈，就越接近完全竞争市场状态，从而更加接近理想的资源配置效率。

哈佛学派认为，在具有寡占或垄断的市场结构中，少数企业通过共谋，或者通过严格的进入壁垒来限制竞争行为。如果企业之间达成统一意见，实施垄断价格便可获得垄断利润，削弱市场竞争性。这种行为使企业在攫取超额利润的同时破坏了整个社会的资源配置效率。因此，要获得最优的市场绩效，需要通过公共政策调整和改善市场结构。

准入机制最先影响的是市场中在位厂商的数量和资质，进而影响市场结构。因此，对于市场准入—退出壁垒强弱的研究可以从其形成的市场结构入手，利用银行市场的机构性指标，判定市场中存在的壁垒强弱，以及其他机制的完善与否。

对于效率的追求，哈佛学派关注于通过市场结构的安排，解决对于竞争的损害。认为市场力量是造成盈利性变化的主要变量。在集中的市场中存在市场不完善，正是不完善的市场结构，才使得市场份额大的厂商可以对价格施加影响，致

[①] Mason E. S. Price and Production Policies of Large – Scale Enterprise ［J］. The American Economic Review, 1939（29）：61 – 74.

使厂商行为偏离了完全竞争，损害了客户的利益，获得了高额利润；反之，市场份额小的厂商则被迫在类似于完全竞争的环境下进行经营，然而却无法获得同样的超常利润。这种市场结构的不完善来自高集中度的共谋行为，以及法律规定带来的进入与退出障碍。因此，应按照某种标准设计市场结构，并通过反垄断政策促进竞争，进一步促进市场结构的调整。

（二）芝加哥学派的"效率—结构"说

与哈佛学派不同，芝加哥学派代表了彻底的经济自由主义思想，更加信奉竞争机制在自由市场经济中的自我调节能力。20 世纪 50 年代末 60 年代初，以斯蒂格勒（Stigler）和德姆塞茨（Demsetz）等为代表的芝加哥学派在产业组织理论中有重要进展。德姆塞茨认为，生产规模会降低生产成本，随着低成本厂商的进入会驱逐其竞争厂商，并使其退出此产业，产业会因此日趋集中。他还指出无论是对市场中的在位厂商，还是对潜在的进入者而言，只要政府的管制增加了生产成本，就形成了进入壁垒，这种成本的增加源于政府的管制而非市场竞争，因此会存在影响竞争的因素。判断是否给予某一方提供何种保护的标准在于总效率的提高与否。[①] 斯蒂格勒在 1968 年提出与 SCP 范式不同的观点，关于集中、竞争和绩效的关系上，他认为集中度较高的市场中，大厂商具有较高的效率，这主要源于规模经济、先进的技术和生产设备、完善的内部管理制度等。因此，高利润不一定是反竞争定价的结果，反而是高效率的结果。现实中，很多厂商因为较高的生产效率，获得高额利润，规模扩大，导致了市场集中度的提高。是市场绩效或市场行为决定了市场结构。因为在产业组织理论中的研究成就，斯蒂格勒被授予1982 年诺贝尔经济学奖。

芝加哥学派更重视企业的行为，认为通过对竞争者的行为来判定采取相应的措施，而不针对企业规模。芝加哥学派认为，竞争者过多，反而不利于规模经济，应该通过允许竞争、兼并来推动市场集中，兼并通常更有利于竞争，从而反对哈佛学派的市场份额和产业集中度等指标。芝加哥学派认为国家应该尽量少的对市场竞争过程进行干预，把国家的权利仅限制在为市场竞争而建立制度框架方面。高集中度市场中，垄断企业的高额利润只是市场处于非均衡状态的暂时性现象，它会随着市场自动趋向均衡而消失。

综上所述，哈佛学派认为不同的市场结构会产生不同的市场绩效；而芝加哥学派则认为市场绩效起决定性作用，从而形成不同的市场结构。集中度与利润率的正相关究竟是来自市场垄断？还是源于大企业的本身的高效率？哈佛学派认为

---

① Demsetz, Harold. Barriers to Entry, American Economic Review ［J］. American Economic Association, 1982, 72（1）：47－57.

是前者，高的集中度表现在产业内主要大型企业可以通过共谋提高价格，获得垄断利润，提高收益；芝加哥学派则认为大企业更高的效率源于规模经济带来更低的成本，因为不是建立在高效率上的高利润会因为其他企业的大量进入而降至平均利润水平。当然，这种解释本身建立在芝加哥学派对自由市场的追求和假设前提的基础上。

哈佛学派和芝加哥学派的观点论述虽然在逻辑上是背道而驰的，但在制度框架设计，特别是对于降低市场准入—退出壁垒的法规设定这一结论性论述中是一致的。无论是哈佛学派处于完善市场结构而降低进出市场障碍，还是芝加哥学派对于自由市场中竞争行为的追求，最终的结论都是降低市场进入—退出壁垒的限制，减少政府和法律法规的人为干预，完善市场结构，促进市场竞争，最终达到提高绩效的目的。

三、可竞争市场理论

由于完全可竞争市场要求进入和退出完全无障碍；反之，进入和退出壁垒的强度会影响市场的可竞争性。因此，可竞争理论中有很多对于进入—退出壁垒的重要论述。可竞争市场理论所强调的重要条件就是企业的市场进入与退出的完全自由，即沉没成本为零。潜在进入者在生产技术、产品适量、生产成本与在位厂商相比不存在劣势，并且具有快速进出市场的可能。

可竞争市场理论认为，市场潜在进入者的压力能够对市场中的现有厂商施加很强的约束。如果对于新的进入者来说准入门槛较低的话，一个集中的行业也能够出现竞争的压力。也就是说，银行的竞争行为和市场中银行数量和它们的集中度没有必然联系，即便市场中只有少数几家大型的银行，但只要推进金融自由化，放松准入管制，就可以使银行业的竞争性增强。[①] 可以说，可竞争市场就是一个进入和退出没有障碍的市场。当然，这里的没有障碍不是指绝对没有成本，而是指相对于在位者而言，进入者没有明显的成本和产量规模上的劣势，即不存在针对市场进入者的歧视。

可竞争市场的最大贡献在于对制定经济政策的影响。与传统的反垄断政策相反，可竞争市场理论提出，在近似的完全可竞争市场中，自由放任的政策比通过行政手段更能够有效地保护公众利益。现实操作中，判断一个产业的管制是否合

---

① Bamol W. , J. Panzar and R. Willing. Contestable Markets and the Theory of Market Structure ［M］. New York：Harcourt, Brace, Jovanovich, 1982.

理有效，就要分析这个部门的可竞争性，即是否存在人为的进入障碍。只要满足了可竞争理论的条件，市场的潜在进入者就能够对市场中的在位厂商进行施压，从而带来与真正进入同样的效果。

对于可竞争理论的批评集中在沉没成本为零这一假设条件上。在现实中，这一条件太过严苛，不太容易实现，或者说完全可竞争性市场在现实中根本不存在。新企业在采取"Hit and Run"策略后，总会有一部分固定资产由于资产的专用性而无法全部撤出，这些都会影响市场的可竞争性。

然而，可竞争市场理论本身区分了固定成本和沉没成本，并将固定成本从进入壁垒中剔除，认为沉没成本才是真正的进入成本。按照这一逻辑，高额的固定成本，只要本身是非沉没的，即可以在市场退出环节进行转售或是用作他途，从而对市场退出不造成必然损失。因此，以大量固定成本为特征的规模经济本身并不导致社会福利的损失，也不构成市场竞争行为的障碍。

现实中，银行除了一般性企业共有的耐用性资产残值差以外，无形的社会成本是构成沉没成本的重要组成部分。作为借贷业务的中介机构，一方面，与贷款客户之间长期合作下来的信任关系拥有不可估量的价值。如果银行发生倒闭退出市场，这种关系将随之失去。企业与新银行重新建立长期合作会使双方都耗费相当的成本。另一方面，银行与储户之间的债权债务关系必须得到转移，由于银行的市场退出产生的存款风险必须得到化解，否则将是社会公众所不能承受的。因此，银行业市场很难达到完全可竞争市场，而只能通过观察市场中的可竞争程度，间接得出制度性壁垒强度，以及相应的调整政策。从反面来考虑，正是由于可竞争市场理论的假设条件与现实不一致，才使银行准入—退出机制的建立成为必要。运用可竞争市场理论的分析框架，规制不再是"用政府命令取代竞争，以取得良好的经济效率"①，而是通过考察现实市场的可竞争性，分析进入障碍来自人为因素，建立健全市场准入和退出制度，消除妨碍可竞争性的障碍，最终达到提高绩效的目标。

---

① Alfred E. Kahn, The Economics of Regulation: Principles and Institutions ［M］. The MIT Press, 1998: 132.

第三章 我国银行业市场结构与竞争程度的分析

关于银行业市场竞争环境的度量方法，主要分为两大类：结构法和非结构法。结构法包括结构—行为—绩效（SCP 范式）、效率结构假说以及其他以产业组织理论为基础衍生出来的判定方法。衡量市场结构的指标主要有市场集中度（CRn）、赫芬达尔指数（HHI）、勒纳指数（Lenar Index）、洛伦茨曲线（Lorenz Curve）和基尼系数（Gini Coefficient）。

为补充结构法理论的一些不足，近些年国外学者也采用非结构法来测试市场类型，强调银行竞争行为的内在分析，比较有代表性的是 Bresnaha - Lau（BL）模型和 Panzar - Rosse（PR）模型。下面就分别用结构法和非结构法对我国银行业 2000～2009 年的银行业市场集中度变化以及目前的市场竞争强度进行实证分析，观察我国民营银行进入市场的壁垒强度。

一、市场结构与绩效：结构法的分析

（一）SCP 范式研究的相关指标

确立 SCP 范式体系的代表人物是贝恩，这一体系考察的是市场中的集中度，认为行业的绩效取决于企业的行为，而企业的行为又取决于行业的结构。该体系最大的优点在于，在其因果关系假设条件下，一边是可观测的市场结构变量，另一边则是绩效变量，建立稳定的一般关系模型方便了解其中的规律性，进而制定政策，不必探究其中难以处理的，且在很大程度上不可观测的市场行为过程。[1]

---

① J. 卡布尔，于立，张嫚. 产业经济学前沿问题［M］. 王小立译. 北京：中国税务出版社，2000.

贝恩提出：影响市场结构的关键因素是卖方集中度、买方集中度、产品差异性和市场壁垒。卖方集中度高有利于市场垄断，买方集中度高则不利于市场垄断。产品差异化程度与竞争程度负相关，与垄断正相关。市场壁垒是决定新的竞争者能都进入市场的重要因素。[1] 四者的共同作用形成了市场结构，其中卖方集中度最为关键，因此也经常反过来作为反映市场结构中的其他因素强弱的重要指标。从卖方集中度的角度来考察市场结构，将其视为"市场表现的一个决定性因素"。[2] 计量经济学中，测量集中度最常用的指标是卖方集中比率（CR_n）和赫芬达尔－赫希曼指数（HHI）。

1. 卖方集中度 CR_n

卖方集中度是指产业内最大的 n 个企业的市场份额之和。即：

$$CR_n = \sum_{i=1}^{n} s_i \tag{3.1}$$

其中，s_i 为将市场中企业按标准降序排列后第 i 个企业所占的市场份额。

$$s_i = q_i \Big/ \sum_{i=1}^{n} q_i \tag{3.2}$$

n 表示在被衡量的产业中，前 n 个市场份额最大的企业。集中度表示了产业中占主导地位的少数大企业与其他组成市场其余份额的众多小企业的比例关系。

　　卖方集中度应用于银行业，一般以在资产、存款和贷款方面最大的前数家银行占银行业总资产、总存款、总贷款的比率，来测量银行的资产集中度比率、贷款集中度比率和存款集中度比率。银行集中度的高低以及其变化不仅反映了整个银行体系的市场结构和竞争程度，而且反映了大、小银行在整个银行体系中所处的地位和重要性。

　　卖方集中度越高，集中度比率越趋近于 1。贝恩的市场结构分类见表 3 - 1。

表 3 - 1　贝恩的市场结构分类　　　　　单位：%

市场结构	CR_4	CR_8
寡占 I 型	$CR_4 \geqslant 75$	
寡占 II 型	$65 \leqslant CR_4 < 75$	$CR_8 \geqslant 85$
寡占 III 型	$50 \leqslant CR_4 < 65$	$75 \leqslant CR_8 < 85$
寡占 IV 型	$35 \leqslant CR_4 < 50$	$45 \leqslant CR_8 < 75$
寡占 V 型	$30 \leqslant CR_4 < 35$	$40 \leqslant CR_8 < 45$
竞争型	$CR_4 < 30$	$CR_8 < 40$

资料来源：J. S. 贝恩. 产业组织 [M]. 丸善株式会社，1981：141.

　　① Bain, Joe S. Barriers to New Competition. Cambridge [M]. M. A.：Harvard University Press, 1956：15.

　　② Donald A. Hay and Derek J. Morris. Industrial Economics and Organization [M]. Oxford：Oxford University Press, 1991：184.

2. 赫芬达尔—赫希曼指数 HHI

赫芬达尔—赫希曼指数是指产业内市场中各企业市场份额的平方和，即：

$$HHI = \sum_{i=1}^{n} \left(\frac{x_i}{x} \right)^2 = \sum_{i=1}^{n} s_i^2 \tag{3.3}$$

其中，x 表示产业中的市场总规模，x_i 表示市场中第 i 个企业的规模，s_i 表示产业中第 i 个企业的市场占有率，n 为产业内企业总数。同样，赫芬达尔—赫希曼指数的数值越大，表明市场集中度越高，垄断程度也越高。当市场中只有一家企业时，$x_1 = x$，$HHI = 1$；当所有企业规模相同时，$x_1 = x_2 = \cdots = x_n = \frac{1}{n}$。产业内企业数越多，$HHI$ 就越接近于 0。通常方法是将数值放大 10000 倍，使之介于 0 ~ 10000。美国司法部（Department of Justice）给出如表 3 - 2 所示标准作为评估某一产业集中度指标。

表 3 - 2　以 HHI 值为基准的市场结构分类

市场结构	寡占型				竞争型	
	高寡占 I 型	高寡占 II 型	低寡占 I 型	低寡占 II 型	竞争 I 型	竞争 II 型
HHI 值 0 ~ 10000	HHI≥3000	3000＞HHI ≥1800	1800＞HHI ≥1400	1400＞HHI ≥1000	1000＞HHI ≥500	500＞HHI

资料来源：MBA 智库百科［DB/OL］. http：//wiki. mbalib. com.

HHI 赫芬达尔—赫希曼指数不受企业数量和规模分布的影响，能更科学地反映市场集中度，也可以反映市场结构。但计算时需要市场内所有企业市场份额的数据，要求较高，计算较复杂，含义较不直观。而且由于"平方和"的放大效应，给予规模较大的企业以放大的权重，对市场规模间的差距太过敏感。相较而言，运用卖方集中度指标 CR_n 计算简单，结果直观，应用较为广泛。并且鉴于我国银行业统计数据的可获得情况，本书采用市场集中度 CR_n 这一指标对我国银行业进行分析。

（二）对我国银行业市场集中度的考察

1. 数据准备

我国银行业在新中国成立之初是按照行业领域分开经营的，遵循市场经济规律的竞争行为始于各银行之间业务的逐渐拓宽和交叉，在商业银行改革和股份制改造时得以快速发展。随着 20 世纪 90 年代后股份制商业银行、城市商业银行的建立，加之外资银行的准入，我国银行业市场结构开始随着准入制度的调整、竞争行为的作用以及市场绩效的发展等因素动态调整。

截至 2017 年底，我国银行业机构合计 4532 家，包括国家开发银行和政策性银行 3 家、大型商业银行 5 家、股份制商业银行 12 家，城市商业银行 134 家、民营银行 17 家、农村信用社 965 家、农村商业银行 1262 家、农村合作银行 33 家、企业集团财务公司 247 家、信托公司 68 家，金融租赁公司 66 家，汽车金融公司 25 家、货币经纪公司 5 家、消费金融公司 22 家、金融资产管理公司 4 家、外资金融机构 39 家、其他（含新型农村金融机构、中德住房储蓄银行和邮政储蓄银行，不含信托业保障基金公司、中国信托登记公司等其他金融机构）1625 家。①

依据我国银行业的发展情况，对我国银行业按照资产规模降序排列，去除 3 家国家开发银行和政策性银行，选取 5 家大型商业银行和 12 家股份制商业银行，共计 17 家商业银行作为考察对象。这 17 家商业银行从 2003～2017 年的考察，在总资产、总负债、所有者权益三个方面占银行业总额的 50% 以上（见图 3 - 1）。

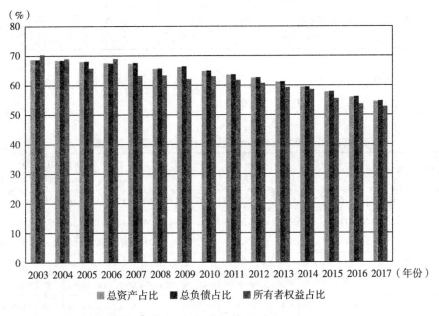

图 3 - 1　17 家商业银行资产负债权益占比情况

其中 12 家银行在全球银行权威杂志英国《银行家》联合世界知名评估机构公布的《2017 全球银行品牌 500 强》名单中进入前 50 强（见表 3 - 3），代表了我国全国性商业银行的现有发展水平。

---

① 中国银行业监督管理委员会 2017 年年报［EB/OL］. http://www.cbrc.gov.cn, 2018 - 11 - 30.

表 3 - 3　《2017 全球银行品牌 500 强》前 50 强我国银行名单

品牌价值排名	名称	品牌价值（百万美元）	品牌评级
1	中国工商银行	47832	AAA
3	中国建设银行	41377	AAA -
5	中国银行	31250	AAA
7	中国农业银行	28511	AA +
12	招商银行	14269	AAA -
18	浦发银行	11963	AA +
19	交通银行	11632	AA +
21	兴业银行	10567	AA +
22	中信银行	9479	AA +
26	民生银行	9770	AA +
45	光大银行	5950	AA
46	平安银行	594	AA

以 2017 年商业银行总资产市场份额、存款市场份额、贷款市场份额计算，降序排序结果见表 3 - 4、表 3 - 5、表 3 - 6。

表 3 - 4　2003 ~ 2017 年我国商业银行总资产份额情况　　　　单位:%

序号	名称	2003年	2004年	2005年	2006年	2007年	2008年	2009年	2010年	2011年	2012年	2013年	2014年	2015年	2016年	2017年↓
1	中国工商银行	16.49	16.05	17.23	17.09	16.35	15.45	14.82	14.12	13.66	13.13	12.50	11.96	11.14	10.39	10.34
2	中国建设银行	12.85	12.37	12.24	12.40	12.42	11.96	12.10	11.34	10.84	10.46	10.15	9.72	9.20	9.03	8.77
3	中国农业银行	12.63	12.70	12.73	12.16	9.99	11.11	11.17	10.85	10.31	9.91	9.62	9.27	8.92	8.43	8.34
4	中国银行	10.77	13.51	12.66	12.12	11.29	11.01	11.01	10.98	10.44	9.49	9.17	8.85	8.44	7.81	7.71
5	交通银行	3.36	3.61	3.79	3.90	3.96	4.24	4.16	4.15	4.07	3.95	3.94	3.64	3.59	3.62	3.58
6	兴业银行	0.94	1.08	1.27	1.41	1.62	1.68	1.94	2.13	2.43	2.43	2.56	2.66	2.62	2.54	
7	招商银行	1.82	1.85	1.96	2.24	2.47	2.49	2.60	2.52	2.47	2.55	2.65	2.75	2.75	2.56	2.50
8	浦发银行	1.34	1.44	1.53	1.57	1.72	2.07	2.04	2.30	2.37	2.35	2.43	2.43	2.53	2.52	2.43
9	民生银行	1.31	1.41	1.49	1.65	1.73	1.67	1.79	1.91	1.97	2.40	2.13	2.33	2.27	2.54	2.34
10	中信银行	1.52	1.56	1.59	1.61	1.90	2.09	2.23	2.18	2.44	2.22	2.41	2.40	2.57	2.55	2.25
11	光大银行	1.47	1.38	1.38	1.36	1.39	1.35	1.51	1.56	1.53	1.71	1.60	1.59	1.59	1.73	1.62
12	平安银行	0.70	0.65	0.59	0.59	0.66	0.75	0.74	0.76	1.11	1.20	1.25	1.27	1.26	1.27	1.29

资料来源：2003 ~ 2017 年银监会年报、中国人民银行统计年报、各商业银行年报。

表3-5　2003~2017年我国商业银行存款市场份额情况　　　　单位:%

序号	名称	2003年	2004年	2005年	2006年	2007年	2008年	2009年	2010年	2011年	2012年	2013年	2014年	2015年	2016年	2017年↓
1	中国工商银行	21.36	20.44	19.11	18.25	17.20	17.19	16.49	19.83	19.14	18.91	18.12	17.95	13.23	12.88	12.75
2	中国建设银行	13.48	13.79	13.34	13.57	13.32	13.33	13.50	16.15	15.59	15.72	15.15	14.88	11.11	11.13	10.85
3	中国农业银行	13.60	13.79	13.45	13.59	13.18	12.74	12.65	15.81	15.02	15.05	14.64	14.46	11.00	10.87	10.74
4	中国银行	13.78	13.20	12.34	11.77	10.97	10.81	11.28	13.41	13.76	12.71	12.51	12.56	9.53	9.35	9.06
5	交通银行	3.92	4.05	4.04	3.86	3.88	3.90	4.00	5.10	5.12	5.17	5.15	4.65	3.64	3.42	3.27
6	招商银行	1.85	2.02	2.11	2.22	2.35	2.61	2.71	3.38	3.46	3.51	3.44	3.81	2.90	2.75	2.70
7	中信银行	1.58	1.72	1.77	1.78	1.96	1.98	2.26	3.08	3.07	3.13	3.29	3.29	2.59	2.63	2.26
8	兴业银行	0.94	1.12	1.18	1.21	1.26	1.32	1.52	2.02	2.10	2.51	2.69	2.62	2.02	1.95	2.05
9	浦发银行	1.47	1.57	1.69	1.71	1.90	1.98	2.19	2.92	2.89	2.96	3.00	3.14	2.40	2.17	2.02
10	民生银行	1.25	1.50	1.63	1.68	1.67	1.64	1.90	2.03	2.67	2.66	2.81	2.88	2.22	2.23	1.97
11	光大银行	1.56	1.53	1.51	1.45	1.40	1.31	1.36	1.89	1.91	1.98	1.99	2.06	1.62	1.53	1.51
12	平安银行	0.64	0.66	0.67	0.67	0.70	0.75	0.77	1.00	1.33	1.42	1.51	1.77	1.41	1.39	1.33

资料来源:2003~2017年银监会年报、中国人民银行统计年报、各商业银行年报。

表3-6　2003~2017年我国商业银行贷款市场份额情况　　　　单位:%

序号	名称	2003年	2004年	2005年	2006年	2007年	2008年	2009年	2010年	2011年	2012年	2013年	2014年	2015年	2016年	2017年↓
1	中国工商银行	16.29	16.49	15.50	14.83	14.67	14.28	13.45	17.53	17.41	17.28	17.16	16.93	13.68	13.10	12.65
2	中国银行	12.71	11.38	10.81	10.21	11.78	11.85	11.31	14.63	14.52	14.75	14.85	14.54	12.02	11.79	11.47
3	中国建设银行	12.03	11.53	11.58	11.73	11.46	10.30	11.53	14.61	14.17	13.47	13.16	13.02	10.47	10.00	9.69
4	中国农业银行	13.19	13.74	13.68	13.18	12.51	9.68	9.71	12.79	12.58	12.63	12.49	12.43	10.21	9.75	9.53
5	交通银行	2.99	3.36	3.70	3.81	3.98	4.15	4.32	5.77	5.79	5.65	5.65	5.27	4.27	4.12	3.96
6	招商银行	1.76	1.99	2.22	2.31	2.42	2.73	2.78	3.69	3.67	3.74	3.80	3.86	3.24	3.27	3.17
7	中信银行	1.52	1.55	1.73	1.90	2.07	2.08	2.50	3.26	3.20	3.26	3.36	3.36	2.90	2.89	2.84
8	浦发银行	1.46	1.60	1.77	1.88	1.98	2.06	2.28	2.96	2.98	3.03	3.06	3.11	2.57	2.77	2.84
9	民生银行	1.17	1.51	1.80	1.95	2.00	2.06	2.12	2.69	2.72	2.72	2.78	2.35	2.35	2.47	2.49
10	兴业银行	0.90	1.05	1.15	1.33	1.46	1.55	1.65	2.21	2.41	2.35	2.45	2.35	2.04	2.09	2.16
11	光大银行	1.51	1.42	1.38	1.40	1.50	1.46	1.52	2.01	1.99	2.01	2.02	1.99	1.74	1.80	1.81
12	平安银行	0.76	0.67	0.72	0.74	0.80	0.89	0.84	1.05	1.39	1.41	1.47	1.57	1.39	1.48	1.51

资料来源:2003~2017年银监会年报、中国人民银行统计年报、各商业银行年报。

2. 利用卖方集中度指标测算我国银行业结构

先按照资产市场份额、存款市场份额、贷款市场份额将12家银行按照2017年数额降序排列。根据式（3.1）和式（3.2），n分别取4和8，表示测算前4家国有商业银行和前8家商业银行在资产、存款、贷款所占比重，得到结果如表3-7和表3-8所示。

表3-7　市场集中率 CR₄ 指标一览表　　　　单位:%

年份	2003	2004	2005	2006	2007	2008	2009	2010	2011	2012	2013	2014	2015	2016	2017
资产	52.74	54.64	54.86	53.76	50.05	49.54	49.10	47.29	45.25	42.99	41.44	39.79	37.71	35.66	35.15
存款	62.22	61.22	58.24	57.18	54.67	54.07	53.93	65.20	63.50	62.40	60.41	59.86	44.87	44.23	43.41
贷款	54.23	53.14	51.56	49.95	50.41	46.11	46.00	59.57	58.68	58.13	57.66	56.92	46.39	44.64	43.34

资料来源：根据表3-4、表3-5、表3-6中数据计算。

表3-8　市场集中率 CR₈ 指标一览表　　　　单位:%

年份	2003	2004	2005	2006	2007	2008	2009	2010	2011	2012	2013	2014	2015	2016	2017
资产	60.91	63.11	63.73	63.05	60.11	60.43	60.14	58.44	56.60	54.32	52.89	51.17	49.27	47.01	46.20
存款	71.12	70.58	67.85	66.76	64.77	64.54	65.10	79.67	78.05	77.16	75.29	74.76	56.40	55.25	53.69
贷款	62.01	61.63	61.06	59.92	60.88	57.25	57.79	75.26	74.25	73.95	73.52	72.52	59.37	57.68	56.15

资料来源：根据表3-4、表3-5、表3-6中数据计算。

3. 结论

从图3-2和图3-3可以直观看到，2003~2017年，四大国有银行市场集中度无论从资产、存款还是贷款总额上都呈下降趋势。2010年存贷款市场集中度有冲高后回落，存款市场集中度多数年份大于贷款市场集中度，目前存贷款市场集中度维持在 CR₄43% 左右，CR₈55% 左右。

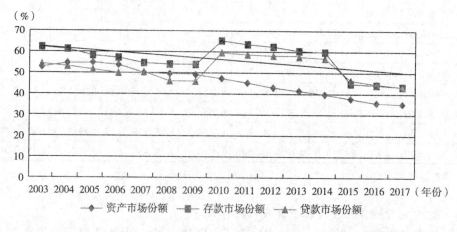

图3-2　2003~2017年中国银行业市场集中度 CR₄

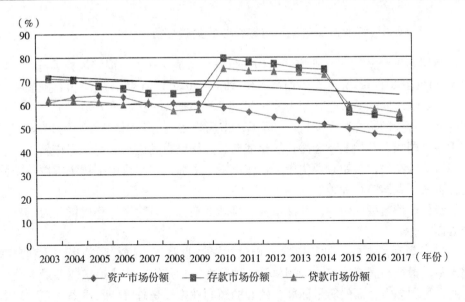

图 3 - 3 2003 ~ 2017 年中国银行业市场集中度 CR_8

与国有银行市场集中度稳步下降相比,股份制商业银行在 10 年间发展快速,资产、存款和贷款市场份额上都稳步上升,但与国有银行相比,规模还有较大差距,因此,包含四大国有商业银行和前四大股份制银行的市场集中度指数 CR_8 依然稳步下降,分别下降了约 14% 、18% 和 6% 。

从 2000 年开始,四大金融资产管理公司完成了对四大国有银行不良资产的剥离工作,不良贷款率的下降使国有银行能够轻装前行,全部完成上市。从 1986 年重新组建交通银行,我国陆续成立了十几家新兴股份制商业银行,1995 年起组建城市合作银行,后改组成为城市商业银行,打破了国有商业银行的垄断局面,营造了银行业竞争环境,我国多层次、多类型的银行结构体系开始形成。此外,为兑现"入世"的承诺,国有银行加快了股份制改造和上市的步伐。2006 年以来,我国取消了对于外资银行所有权、经营权的设立形式,包括所有制的限制,向外资银行全面开放人民币业务,给予其国民待遇。也给我国银行业市场在位者带来了一定的竞争压力。

四家国有银行的改制和股份制银行准入机制的引入,以及外资银行准入壁垒的降低,都给我国银行业结构带来的深刻的变化。我国银行业在 2003 ~ 2017 这 15 年中,市场集中度水平明显下降,按照贝恩的市场结构分类,银行业由原本处于寡占Ⅲ型,降至寡占Ⅳ型,按照 SCP 范式的解释,市场中垄断因素降低,由垄断导致的资源配置非效率和社会福利净损失现象减弱,竞争程度明显增强,更加接近于完全竞争市场,因而应该带来银行业经营水平的整体提升。

（三）我国银行业市场结构与市场绩效的关联分析

运用 SCP 范式对银行业市场结构进行研究的成果很多，但实证检验与市场绩效关联的结果有所差异。吉尔伯特（R. Alton Gilbert）对 45 项美国银行业集中度与银行盈利之间的研究进行了考察，发现 27 项研究中表明 SCP 范式成立，而对于欧洲银行业的研究则不支持。[①] 可见，市场集中度与各国发展阶段相关。我国作为转轨国家，开始实行金融市场化战略，放松银行的进入壁垒，引进新银行参与银行业的竞争，使银行业集中度逐步下降，下面进一步检验市场集中度的下降是否带来了我国银行业绩效的提高。

银行业绩效指标包括盈利性指标、流动性指标、风险指标和代偿能力指标四个方面。

（1）盈利性指标。盈利指标一般包括资产收益率、银行利差率、非利息净收入率、银行利润率、权益报酬率等，盈利性指标是银行作为追求收益最大化的企业在盈利能力方面的衡量标准，核心的赢利性指标是总资产收益率（ROA）和净资产报酬率（ROE），净资产收益率又称净资产利润率、股东权益报酬率，是衡量公司净资产盈利能力的重要指标。本书选取净资产报酬率（ROE）进行识别银行业的盈利能力。

净资产收益率是指净利润额与平均资产的比值。计算公式如下：

$$净资产收益率 = 净利润/平均净资产 \times 100\% \tag{3.4}$$

其中，

$$平均净资产 = （年初净资产 + 年末净资产）/2 \tag{3.5}$$

该公式的分母也可以使用年末净资产，计算全面摊薄的净资产收益率。计算公式如下：

$$全面摊薄的净资产收益率 = 净利润/年末净资产 \times 100\% \tag{3.6}$$

如公开发行股票的公司，分母可以使用年末股东收益，计算净资产收益率，计算公式如下：

$$净资产收益率 = 净利润/年度末股东权益 \times 100\% \tag{3.7}$$

净资产收益率反映公司自由资本获得净收益的能力，具有很强的综合性。一般认为，企业净资产收益率越高，企业自有资本获取收益的能力越强，运营效益越好，对银行债权人的保证程度就越高；净资产收益率越低，说明企业所有者权益的获利能力越弱。本书利用式（3.7）进行计算，结果如表 3－9、图 3－4所示。

① R. Alton Gilbert. Bank Market Structure and Competition：A Survey ［J］. Journal of Money, Credit and Banking, 1984, 16 (4)：16－18.

表3-9 我国银行净资产收益率 ROE 情况一览表　　单位:%

年份	2007	2008	2009	2010	2011	2012	2013	2014	2015	2016	2017
银行业金融机构总利润	16.92	17.08	16.24	17.50	19.20	19.04	18.52	17.15	14.35	12.71	11.91
大型商业银行	16.80	19.99	19.25	20.37	21.32	20.60	19.98	18.27	15.63	13.74	13.18
股份制商业银行	21.31	21.56	18.40	19.67	21.15	21.11	20.27	18.31	15.92	14.14	12.85
城市商业银行	16.02	17.92	15.87	18.31	18.86	18.59	18.19	16.57	13.84	13.27	12.30
农村商业银行	14.78	16.94	18.07	17.82	19.16	19.02	18.39	19.70	15.40	13.14	11.94
农村合作银行	15.46	19.49	17.94	18.21	16.68	16.36	15.23	13.02	10.93	7.26	7.43

资料来源:各银行 2007~2017 年年报。

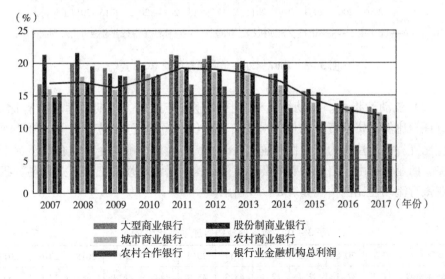

图3-4 2007~2017 年我国各类银行 ROE 情况

结论:将我国银行业 2007~2017 年这 11 年按资产计算的市场集中度 CR$_8$ 和银行盈利水平(ROE)进行综合考察,发现市场集中度和市场绩效的关系如图 3-5 所示。在图中可以直观地看出,伴随我国银行业集中度的下降,银行业盈利能力差距有所缩小。国有银行与股份制银行凭借垄断优势获得的垄断盈利能力有所降低,城商行与农商行的盈利能力有所增强。

ROE 曲线与经济周期有较强的相关性,2011 年我国开始宏观调控,实体经济逐步进入结构调整,银行业 ROE 高位回落,直至 2016 年降速有所缓解。集中度曲线与 ROE 线性趋势线斜率相近,随着集中度的逐步降低,垄断利润下降,银行业总体利润盈利能力在过去 11 年内有所下降。

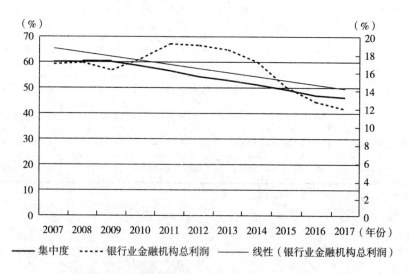

图 3-5　2007~2017 年中国银行业 ROE 走势

（2）流动性指标。流动性指标包括现金资产比例、短期国库券持有比例、持有证券比例、贷款资产比例、易变负债比例、短期资产/易变负债、预计现金流量比等。流动性作为安全性和盈利性的平衡，对于一般性企业的企业经营十分重要。商业银行由于自身特殊的资产负债结构，对流动性的把控至关重要。我国商业银行流动性比例情况如表 3-10 所示。

表 3-10　我国商业银行流动性比例情况　　　　单位:%

年份	2007	2008	2009	2010	2011	2012	2013	2014	2015	2016	2017
流动性比例	37.7	46.1	42.4	42.2	43.2	45.8	44	46.4	48	47.6	50

资料来源：2007~2017 年银监会报告。

结论：将我国银行业 2007~2017 这 11 年按资产计算的市场集中度 CR_8 和银行流动性比例进行综合考察，发现市场集中度和流动性比例的关系如图 3-6 所示。在图中可以直观地看出，银行集中度逐年降低，线性流动性比例呈上升趋势。

（3）风险指标。风险指标包括不良贷款率、贷款损失保障倍数、拨备覆盖率等。风险即企业经营预期中的不确定性。风险指标定量反映了商业银行面对风险时的抗压能力。本书选取拨备覆盖率作为风险衡量指标，如表 3-11 所示。

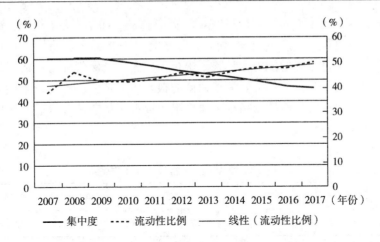

图 3 - 6　2007～2017 年中国银行业流动性走势

表 3 - 11　我国商业银行拨备覆盖率情况　　　　　　　　单位:%

年份	2007	2008	2009	2010	2011	2012	2013	2014	2015	2016	2017
拨备覆盖率	41.4	116.6	153.2	217.7	278.1	295.5	282.7	232.1	181.2	176.4	181.4

资料来源：2017 年银监会报告。

结论：将我国银行业 2007～2017 年这 11 年按资产计算的市场集中度 CR_8 和银行拨备率比例进行综合考察，发现市场集中度和拨备率比例的关系如图3 - 7所示。在图中可以直观地看出，随着集中度的下降，拨备覆盖率趋势线呈上升趋势。

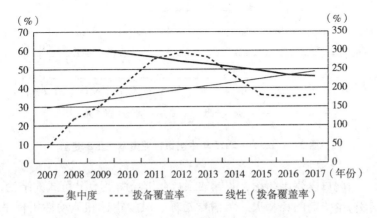

图 3 - 7　2007～2017 年中国银行业流动性走势

（4）清偿力指标。清偿力包括净值/资产总额、净值/风险资产、资产增长率和核心资本增长率、现金股利/利润、资本充足率指标等。清偿力是指银行运用其全部资产偿付债务的能力，反映了银行债权人所受保障程度，清偿力充足与否也极大地影响了银行的信誉。清偿力低的根本原因是资本不足，未能与资产规模相匹配，因而传统的清偿力指标主要着眼于资本充足的情况。这里选取资本充足率作为清偿力的衡量指标。

表 3-12　我国商业银行资本充足率情况　　　　　单位:%

年份	2007	2008	2009	2010	2011	2012	2013	2014	2015	2016	2017
资本充足率	—	—	—	12.2	12.7	13.3	12.2	13.2	13.5	13.3	13.6

资料来源：2017 年银监会报告。

结论：将我国银行业 2007～2017 年这 11 年按资产计算的市场集中度 CR8 和银行资本充足率进行综合考察，发现市场集中度和资本充足率比例的关系如图 3-8 所示。在图中可以直观地看出，随着集中度下降的同时，银行资本充足率呈上升趋势。

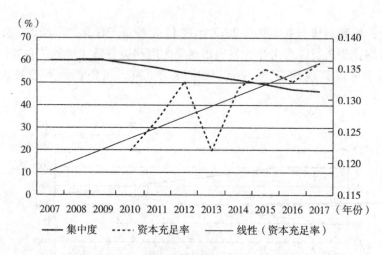

图 3-8　2007～2017 年中国银行业资本充足率走势

综上，由此可以得出结论：我国的银行业市场满足 SCP 范式的结论，即集中度与盈利能力呈明显的正相关，与清偿指标、风险指标和流动性指标呈反相关。在我国现有的银行业市场中，降低市场集中度能够提高银行的流动性，提升周转能力、抗风险能力和清偿能力，提升银行业管理和风控风险能力，促进银行业经营更加安全、稳健，符合我国将防控金融风险作为第一目标的指导思想。进一步利用 SCP 理论的结论，市场结构对市场绩效的影响，可以通过降低银行业的市场准入—退出机制、调整市场结构、增强市场中竞争强度，进而提高银行业市场主体的经营质量和绩效。

二、我国银行业市场竞争程度：非结构法的分析

SCP 范式在模型设计上存在一定的缺陷，实证检验中市场行为对结构和绩效的反作用在模型中是表示不出来的。因此，近十几年来国外学者开始运用非结构法研究市场竞争程度。非结构法认为，除了市场结构之外，另外一些因素也影响着竞争行为，如市场的可竞争度。不同于结构法预先假设集中的市场是不竞争的，非结构方法认为可竞争性依赖于潜在竞争程度，而不一定是市场结构。

（一）非结构法分析模型

1. Bresnahan – Lau（BL）模型

BL 模型由布雷斯纳汉（Bresnahan）和劳（Lau）在 1982 年开始建立，[①] 1989 年布雷斯纳汉又对模型进行了扩展和修改，[②] 这个模型是建立在总的市场均衡基础上的。基本观点是：追求利润最大化的企业的均衡状态是边际成本等于边际收入，即 MC = Q，同时决定产品的价格 P 和数量 Q。如果边际收入和需求价格是一致的，即 MC = D，则边际成本等于边际收入，与边际成本等于需求价格，即 MC = P，由此产生了竞争均衡的条件。

根据布雷斯纳汉对模型的解释，商业银行的需求函数为：

$$Q = D(P, Y, \alpha) + \varepsilon \qquad (3.8)$$

其中，Q 是总产出，P 是价格，Y 是影响需求的外生变量，α 是被估计参数，ε 是随机误差项。

企业的实际边际收入为：

$$MR = P + \lambda h(Q, Y, \alpha) = P + \frac{Q}{\dfrac{\partial Q}{\partial P}} \qquad (3.9)$$

---

① Timothy, Bresnahan. The Oligopoly Solution Concept is Identified［J］. Economics Letter, 1982（5）: 87 – 92.

② Bresnahan T. F. & Reiss P. C. Entry and Competition in Concentrated Markets［J］. Journal of Political Economy, University of Chicago Press, 1989, 99（5）: 977 – 1009.

设 $h(Q, Y, \alpha)$ 是 $\dfrac{Q}{\dfrac{\partial Q}{\partial P}}$ 需求的部分弹性函数，且 $h(Q, Y, \alpha) \leqslant 0$。

λ 是被估计参数，且 $0 \leqslant \lambda \leqslant 1$。$\lambda$ 用来度量企业需求和边际收入函数之间的差别。即：

$$MR^p = P + \lambda h(Q, Y, \alpha) \tag{3.10}$$

设 $c(Q, W, \beta)$ 为企业的平均边际成本函数，其中 W 是外生供给方变量，β 是供给方的被估计参数。追求利润最大化企业将设定边际收入等于边际成本，即：

$$c(Q, W, \beta) = P + \lambda h(Q, Y, \alpha) \tag{3.11}$$

$$P = c(Q, W, \beta) - \lambda h(Q, Y, \alpha) + \eta \tag{3.12}$$

其中，η 为随机误差项。对市场状态的判定如表 3 – 13 所示。

表 3 – 13   BL 模型市场状态判断一览表

λ 的值	$\lambda = 0$	$0 < \lambda < 1$	$\lambda = \dfrac{1}{n}$	$\lambda = 1$
市场状态	完全竞争	供不应求	古诺均衡	完全垄断

资料来源：黄隽. 商业银行：竞争、集中和效率的关系研究——对韩国、中国大陆和台湾地区的市场考察［M］. 北京：中国人民大学出版社，2008.

如果市场是完全竞争的，则企业是价格的接受者，边际收入函数和需求函数之间得出的 P 解，即均衡解相同，有 $\lambda = 0$；如果企业是处于垄断的状态下，需求函数和边际收入会明显不同，边际成本和边际收入相等时产出被设定，这时 $\lambda = 1$。当 $0 < \lambda < 1$ 时，对应的是其他的需求大于供给市场情况。当 $\lambda = \dfrac{1}{n}$ 时，则是古诺均衡（Cournot Equilibrium）。

BL 模型通过不同的参数估计可以区分完全竞争、垄断竞争和垄断三种层次的竞争程度。它的优点是只需要行业的总体数据就可以估计出参数 λ，当然用多个单个企业数据也可以得出结果，这使 BL 方法变得简便。BL 模型的缺陷在于市场本身是动态的，由于随机干扰项的存在，如消费者需求偏好的改变，生产者成本的调整，以及其他影响价格因素的变动，会使得市场暂时偏离短期均衡现象，因此这种静态模型不能很好地解释银行业，特别是转型期银行业的市场变化。

2. Panzar – Rosse（PR）模型

帕恩查（Panzar）和罗斯（Rosse）在1987年提出并完善了PR模型。[①] 他们通过推导垄断、竞争以及垄断竞争的市场模型，得出了一个区分竞争市场的检验指标，即H–统计值，用来描述市场环境的竞争程度。H–统计值是利用一个简化的收入方程，通过度量企业总收入对投入要素价格的总弹性计算出来的。模型原理是银行能够根据不同的市场结构调整投入成本，制定不同的定价策略。在理论上，甚至可以通过一家银行总收入与投入成本的变动弹性，就可以判断银行所处市场的竞争状况，并以此做出对市场总体的量化评价。

PR模型采用的是标准的比较静态分析方法，假设前提为：①银行在长期均衡的环境中运作；②银行行为受其他银行的影响（除非在完全垄断的环境中）；③银行的成本结构是同质的，其生产函数是标准的柯布—道格拉斯（Cobb – Douglas）生产函数；④在同时满足单一银行以及整个银行业均实现利润最大化时，求出均衡产出和均衡银行数量的解。

PR模型的推导过程为：设 R'_i 代表银行 i 的边际收入，C'_i 代表银行 i 的边际成本，x_i 表示银行 i 的产出，n 是银行的数量，w_i 是银行 i 成本价格的 m 维向量，z_i 是银行收入函数的外生变量，t_i 是银行成本函数的外生变量。

首先，当边际成本等于边际收入时，银行 i 实现利润最大化，即：

$$R'_i(x_i,\ n,\ z_i) - C'_i(x_i,\ w_i,\ t_i) = 0 \tag{3.13}$$

当市场处于均衡状态时，设 * 为均衡值，利润为0，则：

$$R_i^*(x^*,\ n^*,\ z) - C'_i(x^*,\ w,\ t) = 0 \tag{3.14}$$

由于PR模型用H指数来衡量竞争程度，来表现收入对投入价格的弹性，有：

$$H = \lim_{\Delta w \to \infty} \sum_{k=1}^{m} \frac{\dfrac{\Delta R_i^*}{R_i^*}}{\dfrac{\Delta w_{ki}}{w_{ki}}} = \sum_{k=1}^{m} \frac{\partial R_i^*}{\partial w_{ki}} \frac{w_{ki}}{R_i^*} \tag{3.15}$$

PR模型检验的是银行投入的变化价格和收入之间的关系，即从投入价格方面来度量收入的弹性。帕恩查和罗斯首先证明了在垄断市场中垄断者的价格是外生的，即它们的均衡值在模型中不受其他外生变量的影响。因此，H–统计值小于或等于0。他们进一步证明，在完全共谋或短期的寡头垄断市场中，H–统计值是负数。作为对投入增加的反映，银行将被迫涨价，例如，提高贷款利率，直到能够弥补竞争中的成本。在这个过程中，无效率的银行会被有效率的银行兼并或逐出市场，剩余的企业会提高价格，以使收入与成本的价格相应提高。在完全

① Panzar J. C. and Rosse J. N. Testing for "Monopoly" Equilibrium [J]. The Journal of Industrial Economics, 1987（35）：443 – 456.

竞争的情况下，投入价格的提高会导致边际成本和总收入以相同的数量增加，H－统计值＝1。具体含义见表3－14。

表3－14　PR模型度量竞争H－统计值的经济含义和市场均衡检验定义

H的值	竞争的环境检验
H＝0	共谋的，或需求大于供给的市场
H＜0	垄断的市场，或短期的寡头垄断市场
H＝1	完全竞争市场
0＜H＜1	垄断竞争的市场
H的值	市场均衡检验
H＜0	非均衡
H＝0	均衡

资料来源：黄隽．商业银行：竞争、集中和效率的关系研究——对韩国、中国大陆和台湾地区的市场考察 ［M］．北京：中国人民大学出版社，2008.

PR模型是在静态模型基础上发展起来的，而对于动态模型，H－统计值没有做任何探讨。与其他方法相比，PR模型的优点为：①数据很容易取得。除了度量银行竞争环境是否均衡的数据外，模型所要求的常规数据基本可以从银行的资产负债表及利润表中获得，而不需要市场结构的明确信息，使得模型的操作简便。②模型可以对不同类型的银行同时进行检验，用来比较不同银行的特质差异，例如，比较国有银行和股份制银行。所以本书选择了PR模型对我国银行业市场竞争程度进行研究。

（二）运用PR模型评估我国银行业竞争程度

1. 模型介绍

本书采用中介法，将银行看作存款者和投资者之间的中介，生产原料为储户存款、银行自身资本和人力的投入，产品为贷款。银行收集储蓄和其他资金，并将其转化为贷款和其他资产，转化过程中需要劳动资本和实物资本的投入。在投入指标上选择银行的营业费用作为人力资本指标，固定资产折旧作为固定资产成本指标，利息支出作为借贷资金成本指标，在产出指标上选择贷款总额。

根据莫利诺（Molyneux P.）等对PR模型的发展，① 构造H－值模型为：

$$\ln TR_{it} = \alpha_0 + \alpha_1 \ln P_{1,it} + \alpha_2 \ln P_{2,it} + \alpha_3 \ln P_{3.it} + \varepsilon_{it} \tag{3.16}$$

---

① Molyneux P., Loyd－Williams D. and Thornton J. Competitive Conditions in Europe Banking ［J］. Journal of Banking and Finance, 1994 (18)：445－459.

其中，TR 为资产收入比率，即总收入/总资产。假设银行有三种主要投入：①人力投入 P_1，即营业费用/总资产；②资金成本 P_2，即利息支出/总存款；③资本投入 P_3，即当年折旧额/固定资产净值。α_1、α_2、α_3 分别为三种投入对产出的弹性。t 表示观察时间，$t = 1, \cdots, T$；表示银行总数，$i = 1, \cdots, I$；ε 是随机误差项。

在 t 检验中，如果变量 P 是显著的，则其参数应该显著不为 0。H－统计值是银行的总收入对投入价格的弹性。投入的三个主要解释变量的弹性系数 α_1、α_2、α_3，并根据式（4.9）中外生变量的系数 α_1、α_2、α_3 的估计值，计算 H－统计量，刻画银行的总收入对投入价格的弹性。H－统计值表示为：

$$H = \sum_{i=1}^{3} \alpha_i \tag{3.17}$$

2. 数据准备

本书使用 Eviews 5.0，按照股权性质分类分别考察，对我国四大国有商业银行和八家股份制商业银行自 2006～2017 年共 12 个自然年度的面板数据分别进行回归。设银行人力投入 P_1 = 营业费用/总资产；资金成本 P_2 = 利息支出/总存款；资本投入 P_3 = 当年折旧额/固定资产净值。四家国有商业银行数据见表 3－15，八家股份制银行数据见表 3－16。

表 3－15 2006～2017 年国有银行 TR、P_1、P_2、P_3 数据　　　单位：亿元

年份	2006	2007	2008	2009	2010	2011
总收入	5641.45	8484.47	10167.42	10311.10	12715.45	15782.01
总资产	236277.05	265833.47	312826.99	390429.39	450662.10	512660.68
TR	0.023876	0.031916	0.032502	0.026410	0.028215	0.030785
营业费用	2709.99	2933.73	3400.42	3665.02	4249.97	5003.58
总资产	236277.05	265833.47	312826.99	390429.39	450662.10	512660.68
P_1	0.011470	0.011036	0.010870	0.009387	0.009431	0.009760
利息支出	3557.37	4198.48	5549.60	5046.86	5203.75	7552.51
总存款	198982.17	219260.34	258701.41	319552.67	366479.84	406886.56
P_2	0.017878	0.019148	0.021452	0.015794	0.014199	0.018562
固资折旧	887.78	1221.87	1086.16	1359.08	1672.58	2017.42
固资净值	2806.55	2906.07	3364.97	3812.46	4189.62	4645.17
P_3	0.316324	0.420454	0.322784	0.356484	0.399220	0.434305
年份	2012	2013	2014	2015	2016	2017
总收入	17857.46	19683.78	22065.51	23132.33	22706.27	23684.80

年份	2012	2013	2014	2015	2016	2017
总资产	574400.02	627173.63	685796.17	751662.59	828199.20	887322.32
TR	0.031089	0.031385	0.032175	0.030775	0.027416	0.026692
营业费用	5591.75	6066.59	6464.65	6478.59	6388.09	6508.14
总资产	574400.02	627173.63	685796.17	751662.59	828199.20	887322.32
P_1	0.009735	0.009673	0.009426	0.008619	0.007713	0.007335
利息支出	10273.98	10530.77	12360.61	12527.78	11176.49	11932.10
总存款	450229.19	487530.59	518738.96	552180.03	612059.66	654423.06
P_2	0.022819	0.021600	0.023828	0.022688	0.018260	0.018233
固资折旧	2406.97	2833.29	3219.55	3711.96	4150.47	4510.31
固资净值	5160.35	5813.68	6501.88	6931.41	7443.12	7467.07
P_3	0.466435	0.487349	0.495172	0.535527	0.557625	0.604027

资料来源：中国工商银行、中国建设银行、中国农业银行、中国银行2006～2017年度年报。

表 3-16　2006～2017年股份制银行 TR、P_1、P_2、P_3 数据　　单位：亿元

年份	2006	2007	2008	2009	2010	2011
总收入	1577.14	2352.02	3121.55	3231.20	4329.58	5859.32
总资产	62073.78	79639.61	101076.13	130178.11	159772.07	199200.00
TR	0.025408	0.029533	0.030883	0.024821	0.027098	0.029414
营业费用	729.77	841.14	1130.41	1237.28	285614.58	1895.45
总资产	62073.78	79639.61	101076.13	130178.11	159772.07	199200.00
P_1	0.011756	0.010562	0.011184	0.009505	1.787638	0.009515
利息支出	983.29	1422.59	2032.55	1932.05	2239.70	4101.03
总存款	44597.15	52752.48	61417.09	85814.52	105417.74	124438.18
P_2	0.022048	0.026967	0.033094	0.022514	0.021246	0.032956
固资折旧	244.08	258.05	296.71	345.64	409.14	469.39
固资净值	549.37	624.32	768.62	752.48	828.51	930.48
P_3	0.444291	0.413330	0.386030	0.459334	0.493826	0.504460
年份	2012	2013	2014	2015	2016	2017
总收入	7234.86	8442.80	10034.66	11850.78	11315.30	12241.02
总资产	243000.00	285200.00	327000.00	382900.00	450900.00	468200.00
TR	0.029773	0.029603	0.030687	0.030950	0.025095	0.026145

续表

年份	2012	2013	2014	2015	2016	2017
营业费用	2270.89	2592.96	2946.00	3224.52	3355.71	3599.40
总资产	243000.00	285200.00	327000.00	382900.00	450900.00	468200.00
P_1	0.009345	0.009092	0.009009	0.008421	0.007442	0.007688
利息支出	5759.84	6980.02	8618.90	8722.09	8159.53	10293.31
总存款	146081.79	165428.45	181778.12	199704.27	213823.77	230268.92
P_2	0.039429	0.042194	0.047414	0.043675	0.038160	0.044701
固资折旧	508.78	628.37	742.42	885.92	1043.69	1200.79
固资净值	1116.32	1349.07	1715.44	2107.28	2712.26	3076.99
P_3	0.455765	0.465780	0.432787	0.420409	0.384805	0.390248

资料来源：交通银行、兴业银行、招商银行、浦发银行、民生银行、中信银行、光大银行、平安银行 2006~2017 年年报。

3. 实证检验

我们运用处理后的数据，对四家国有银行和八家上市股份制银行总体以及分别运用 Eviews 软件进行 OLS 估计，并代入式（4.9），得到估计结果。

（1）对银行业总体进行数据回归，得到结果如表 3-17 所示。

表 3-17 2006~2017 年银行业竞争强度检验结果

Variable	Coefficient	Std. Error	t - Statistic	Prob.
log（P_1）	0.50	0.21	1.98	0.082
log（P_2）	-2.81	0.78	-3.54	0.00
log（P_3）	3.10	0.97	3.99	0.00
C	-2.34	1.14	-2.05	0.06
R - squared	0.70	Mean dependent var		-0.46
Adjusted R - squared	0.61	S. D. dependent var		1.73
S. E. of regression	1.07	Akaike info criterion		3.21
Sum squared resid	11.49	Schwarz criterion		3.39
Log likelihood	-18.48	F - statistic		8.05
Durbin - Watson stat	1.43	Prob（F - statistic）		0.00

所有系数均通过了显著性检验，R^2统计量和调整后的R^2统计量均达到了60%以上，模型的解释力度较强。因此可以得出结论，固定资产的资本投入对银行收入的影响较显著，对应经营者在房屋、土地、等大额固定资产上的投入与银行业收入呈正相关。因此，银行业在市场进入过程中硬件设施方面的投入构成市场准入成本壁垒的重要组成部分。利息支出与银行收入呈反向变动关系，合乎实际情况。由于我国储蓄习惯和利率在一定范围内的管制，因此降低短期储蓄比例，增加长期储蓄能够在一定程度上减少银行的利息支出成本，提高银行总体收入水平。营业费用也对我国银行业收入的增加产生一定影响，且呈同向变动关系。人力资本支出的增加，反映在人才结构的优化，核心竞争力的提升，更有利于银行的收入水平提高和加强银行未来发展动力。我国银行业竞争强度 H – 值指标值为 0.79，处于垄断竞争市场，且竞争强度较高。

（2）下面对数据按照国有银行和股份制银行分类进行回归。首先对国有银行相关数据进行回归分析，结果见表 3 – 18。

表 3 – 18　2006 ~ 2017 年国有银行竞争强度检验结果

Variable	Coefficient	Std. Error	t – Statistic	Prob.
log（P_1）	0.36	0.15	2.34	0.04
log（P_2）	0.01	0.09	0.13	0.89
log（P_3）	0.57	0.16	3.28	0.00
C	– 0.58	0.38	– 1.50	0.16
R – squared	0.91	Mean dependent var		– 4.12
Adjusted R – squared	0.93	S. D. dependent var		0.47
S. E. of regression	0.13	Akaike info criterion		– 0.91
Sum squared resid	0.18	Schwarz criterion		– 0.73
Log likelihood	10.42	F – statistic		50.31
Durbin – Watson stat	2.55	Prob（F – statistic）		0.00

变量 P_2 的系数没有通过显著性检验，P_1 和 P_3 的 t 统计值分别是 2.34 和 3.28，通过了 1% 水平的显著性检验，表明在运用 PR 模型对国有银行进行竞争程度考察时，利息支出/总存款的系数接近于零。营业费用/总资产与折旧/固定资产净值对总收入/总资产的影响程度较大，接下来对没有通过显著性检验的变量做剔除处理，得到新的检验结果如表 3 – 19 所示。

表 3-19 国有银行 2006~2017 年调整后模型检验结果

Variable	Coefficient	Std. Error	t - Statistic	Prob.
log（P_1）	0.37	0.13	2.81	0.02
log（P_3）	0.54	0.15	3.46	0.00
C	-0.61	0.37	-1.61	0.13
R - squared	0.93	Mean dependent var		-4.12
Adjusted R - squared	0.93	S. D. dependent var		0.47
S. E. of regression	0.14	Akaike info criterion		-1.05
Sum squared resid	0.18	Schwarz criterion		-0.92
Log likelihood	10.41	F - statistic		82.86
Durbin - Watson stat	2.58	Prob（F - statistic）		0.00

所有系数均通过了显著性检验，R^2 统计量和调整后的 R^2 统计量均达到了 90% 以上，模型的解释力度较强。因此可以得出结论，国有银行在人力资本投入和固定资产投入方面对银行收入的影响最为显著。现实中，国有银行经营者在房屋、土地等大额固定资产的投入方面处于国内的绝对前列水平。因此，大型国有商业银行对于银行业市场潜在进入者具有较强规模经济壁垒。另外，营业费用与总收入的同向变动趋势也很强，总部及分支机构的经营管理团队无论是在分布规模、人员素质还是管理方法都较为科学，因此在日常经营方面拥有明显的绝对成本优势。由于我国国民的储蓄习惯利息支出还较强烈，储蓄量相对较为稳定，且国有银行利率是在一定范围内的管制，因此也相对稳定，造成利息对收入的影响有限。调整后的 H-值（P_2 变量系数忽略为 0）为 0.91，处于垄断竞争市场结构，竞争强度很强。

（3）对股份制银行相关数据进行回归分析，得出结果如表 3-20 所示。

表 3-20 2006~2017 年股份制银行竞争强度检验结果

Variable	Coefficient	Std. Error	t - Statistic	Prob.
log（P_1）	0.49	0.26	1.85	0.09
log（P_2）	-2.67	0.76	-3.94	0.00
log（P_3）	2.94	0.95	3.94	0.00
C	-1.98	1.12	-1.77	0.11
R - squared	0.70	Mean dependent var		-0.45
Adjusted R - squared	0.61	S. D. dependent var		1.76

续表

Variable	Coefficient	Std. Error	t – Statistic	Prob.
S. E. of regression	1. 09	Akaike info criterion		3. 26
Sum squared resid	12. 07	Schwarz criterion		3. 44
Log likelihood	– 18. 82	F – statistic		7. 82
Durbin – Watson stat	1. 34	Prob（F – statistic）		0. 02

所有系数均通过了显著性检验，R^2 统计量和调整后的 R^2 统计量达到了 60% 以上，模型解释力较强。可以得出结论，股份制银行固定资产的资本投入对银行收入的影响最显著。现实中，股份制商业银行经过多年的发展壮大，在硬件设施上已具备相当规模，具有一定强度的规模经济壁垒。在不断发展过程中，股份制银行对国有银行存款分流现象明显，且呈不断上升趋势，存款数额的扩大伴随股份制商业银行在银行业市场份额上升，同时带来收入总额的不断扩大。经营费用的支出与收入总额同向变动，但是影响程度相对较小，这可能源于股份制银行近些年推行的压缩营业费用政策，目的是在保证收入水平的前提下，提高人力投入的使用效率，减少营业成本，建立节约型银行。按系数绝对值计算的我国银行业竞争强度 H – 值指标值为 0.76，处于垄断竞争市场，且竞争强度较高。

4. 结论

综上，可以看出，我国银行业竞争强度为 0.79，非结构法与结构法得出结论相同。2006～2017 年，伴随市场集中度的下降，我国市场竞争程度随之上升，提高了银行业绩效水平。因此，进一步提高我国银行业竞争程度，降低银行业市场集中度，将伴随我国银行业业绩水平继续提高。民营银行的市场准入机制会有利于存款、贷款上的分流，降低市场集中度，提高银行业市场竞争强度，同时带来银行业绩效的提升。

此外，在分别对国有银行各股份制银行进行竞争强度的检验时发现，国有银行竞争强度高于股份制银行。主要有以下原因：①地区发展限制。股份制银行很多产生于为特定地区的经济发展服务，例如，浦发银行和深圳发展银行，初始发展定位立足于本地区的企业，与本地区企业联系更为紧密，因此彼此竞争相对较小。而国有银行的分支机构遍布全国，同业竞争激烈。②更重要的是国有银行间由于业务种类的相近，资金成本低，目标客户群体和产品同质性很高，集中于大客户的信贷服务竞争相对激烈。而股份制银行更注重于新兴产品的研发，服务质量的提高，客户的个性化产品设计，因而竞争强度反而低于国有银行。吸取以上经验，民营银行在进入市场时，应尽量避免与国有银行和股份制银行在规模经济上正面冲突，着重发展中小银行。利用现有银行发展薄弱或不足的地区展开业务，建立紧密的银企关系，同时，在传统业务领域之外开展业务创新，提供更加灵活和个性化的服务，扬长避短，进入竞争强度相对较低的领域，与现有银行实现空间和业务上的差异化发展。

第四章　我国民营银行市场准入的
制度变迁与现存壁垒

一、我国民营银行市场准入的制度变迁

截至 2018 年末，全国银行业金融机构共计 4588 家，其中 95% 以上是社区银行和民营银行。这里的社区银行涵盖了规模较小的城商行、农商行、农合行、农信社、村镇银行。民营银行只有 17 家，且均为 2014 年设立，发展时间较短。民营银行的市场准入历史，要从民营资本进入银行业开始。

（一）民营资本进入银行业

1. 农村信用社的建立

我国民营资本初入银行业应从 1985 年农村信用社的成立开始算起。农村信用社是由农民入股组成，实行社员民主管理，主要为社员提供金融服务的农村合作金融机构，成立的目的是为所在农村的农民服务。因而，当时的农村信用社有相当比例的民营资本和个人资本介入。

然而，农村信用社的市场准入机制并没有建立起来，成立农信社都是按照行政命令组建的，一开始就不是"自愿互助"的，经营上更不是"民主管理"。农民参与农村信用社经营管理的意识低下，再加上农村经济发展的极端不平衡，农村信用社亏损严重。到 2002 年底，全国农村信用社不良贷款余额达到 5197 亿元、不良贷款率 37.2% 的高点。为解决农村信用社的历史包袱，同时防止新增不良贷款，国家经过多次整顿，按贷款五级分类口径统计，2017 年末，全国农村信用社不良贷款余额和比例分别为 6204.3 亿元和 4.2%，资本充足率为 11.7%；

2017年实现利润2487.8亿元，比2016年增加了146.7亿元。①

2. 城市信用社的建立

改革开放以后，我国陆续成立城市信用社。第一家城市信用社成立于1979年，经过1986～1988年和1992～1994年的快速发展，截至1995年底，全国共有城市信用社5279家，其中有相当比例的资本来自民营企业，存贷款余额分别为3358亿元和1929亿元，占全国金融机构存贷款总额的7.0%和4.0%。② 当时城市信用社的业务定位是：为中小企业提供金融支持，为地方经济搭桥铺路。然而，由于当时准入机制不健全，准入壁垒设置较低，一哄而起地催生了一批先天状况不良的城市信用社，致使机构膨胀，出现"银行过度"现象。从20世纪80年代初到90年代，全国各地的城市信用社发展到5000多家。③

由于缺乏现代化经营机制和专业化的管理经验，亏损严重的城市信用社成为地方政府和中央银行的历史包袱。1998～2002年经过对城市信用社的整顿工作，数量急剧下降，至2002年末，1612家改制为农村信用联社，285家合并重组，213家被商业银行收购，533家被撤销关闭，449家持续经营（相当一部分是等待处置的高风险社）。由于不再允许组建新的城市信用社，城市信用社为中小企业融资的建立初衷在经济中发挥的作用已经很小。

2005年11月，中国银行业监督管理委员会、中国人民银行、财政部、国家税务总局联合制定并发布了《关于进一步推进城市信用社整顿工作的意见》，提出切实推进城市信用社整顿工作，推进被撤销和停业整顿城市信用社的市场退出工作等要求。2007年末，251家待处置城市信用社得到了有效处置，230家停业整顿城市信用社完成了市场退出工作。2012年3月29日，宁波象山县绿叶城市信用社作为全国最后一家城市信用社，改制为城市商业银行，城市信用社正式退出了历史舞台。

3. 城市商业银行的建立

城市商业银行是在中央金融主管部门整肃城市信用社的特殊历史条件下形成的。1995年开始在城市信用社的基础上组建城市商业银行，成立初衷就是为了化解地方金融风险，稳定地方经济。带着这一历史使命的城市商业银行，主要以行政方式组建，地方财政占主要斥资比例，使得城市商业银行多数为市政府直属企业，行政色彩浓重，有国有企业产权虚位的通病。全盘接收原城市信用合作社的不良资产，也使其在产生之初就背上了沉重的历史包袱，历史最高不良贷款率

① 央行：农信社改革不断推进！全国农信系统存款余额27.2万亿元［EB/OL］. http：//www.sohu.com/a/223833060_185758.

② 资料来源于中国经济网，http：//www.ce.cn.2004-07-21。

③ 臧洪喜. 对城市信用社归并商业银行后凸现问题的思考［J］. 银行家，2009（8）：24-26.

达到 34.32%。① 管理机制和制度设计双方面造成城市商业银行缺乏健康发展的内在动力和要求。此外，城市商业银行由于自身功能的制约，异地结算困难，也制约了业务的开展。

4. 全国性股份制商业银行的建立

与以上民营资本参股银行业的形式相比，1996 年中国民生银行成为我国首家批准成立的由非公有制企业入股的全国性股份制商业银行。民生银行的建立严格按照《中华人民共和国公司法》和《中华人民共和国商业银行法》的规定组建，总计 59 家发起人单位，13.8 亿元股本金，85% 来自非国有企业。② 多种经济成分和现代企业制度的优势使得民生银行有别于国有商业银行和其他商业银行，成为中国银行业体制改革的试验田。经过十多年的发展，民生银行规模不断扩大，效益逐年递增，并保持了良好的资产质量。2000 年 12 月 19 日，中国民生银行 A 股股票在上海证券交易所上市。2009 年，中国民生银行在香港联交所成功上市。在英国《银行家》杂志 2017 年 7 月发布的全球 1000 家大银行排名中，中国民生银行位居第 29 位；在美国《财富》杂志 2017 年 7 月发布的世界 500 强企业排名中，中国民生银行位居第 251 位。

综合以上情况，除了民生银行作为唯一一家民营资本设立的全国性股份制商业银行的特例以外，民营资本进入银行的现有途径主要包含以下四种：①参与农村信用社的建立和改制过程；②参与城市信用社的建立和改制过程；③参与国有商业银行改制和上市股票交易；④参与股份制商业银行的增资扩股和上市股票交易。以上途径有利于实现商业银行的优化股权结构，明晰产权关系，加强和改善经营管理。但是，民营资本不控股的商业银行还不能称为民营银行。

（二）民营银行试点

随着国有银行及股份制银行的纷纷上市，民营资本可以在资本市场上对银行股进行股权投资，但民有资本股权组成还较为分散，尽管所占股份总额较多，但控股方实际上为国有背景，民营资本对银行业控股的要求强烈。从 2003 年开始，拟新建的民营银行包括沈阳瑞丰银行、广东南华银行、深圳民华银行、江苏苏南银行、西安长城银行，作为首批试点的银行向银监会提出申请，力图将我国银行业带入双轨制的时代。此次试点的积极发起者——徐滇庆教授认为，民营银行试点具有重要的意义在于为我国银行业引入透明化、市场化的市场准入规则，只有通过试点以法律形式规定的准入机制，才能指导和开展民营银行今后的市场准入

---

① 城市商业银行 [EB/OL]. MBA 智库百科. http://wiki.mbalib.com.
② 见证金融业历史性变革：十年民生奠定百年基业 [EB/OL]. http://www.xinhuanet.com. 2006 - 12 - 04.

行为。

但民营银行的试点文件到 2013 年才出台，2014 年才正式落地。2013 年 7 月，国务院下发《关于金融支持经济结构调整和转型升级的指导意见》（以下简称《意见》），其中一个亮点是尝试让符合条件的民间资本设立自担风险的民营银行。首批试点 5 家，第一家是由腾讯作为第一大股东的深圳前海微众银行于 2014 年 12 月 16 日开业，标志着国内首家民营银行正式步入落地阶段。2016 年，民营银行进行推广，开设地点从首批获批的深圳、上海、温州、天津、浙江等金融发达城市逐渐扩展至四川、安徽、重庆、湖北、湖南等中西部城市以及吉林、辽宁等东北老工业城市，还囊括北京、南京等城市。截至 2018 年末，我国共建立了 17 家民营银行，如表 4－1 所示。

表 4－1　17 家民营银行情况概要

序号	银行	获批时间	开业时间	注册资本（亿元）	银行定位	第一大股东
1	深圳前海微众银行	2014 年 7 月 25 日	2014 年 12 月 16 日	30	互联网银行、微粒贷	腾讯
2	温州民商银行	2014 年 7 月 25 日	2015 年 3 月 20 日	20	助力小微	正泰集团
3	天津金城银行	2014 年 7 月 25 日	2015 年 3 月 27 日	30	公存公贷	华北集团
4	浙江网商银行	2014 年 9 月 26 日	2015 年 6 月 25 日	40	互联网银行、普惠进入	蚂蚁金服
5	上海华瑞银行	2014 年 9 月 26 日	2015 年 5 月 23 日	30	智慧银行	均瑶集团
6	重庆富民银行	2016 年 5 月 18 日	2016 年 8 月 26 日	30	服务小微的普惠银行	瀚华金控
7	四川新网银行	2016 年 6 月 13 日	2016 年 12 月 28 日	30	互联网银行	新希望集团
8	湖南三湘银行	2016 年 7 月 29 日	2016 年 12 月 26 日	30	产业链金融	三一集团
9	安徽新安银行	2016 年 11 月 7 日	2017 年 12 月 1 日	20	服务中小企业	南翔商贸
10	福建华通银行	2016 年 11 月 28 日	2017 年 1 月 13 日	24	科技金融	永辉超市
11	武汉众邦银行	2016 年 12 月 7 日	2017 年 5 月 18 日	20	供应链金融	卓尔控股
12	北京中关村银行	2016 年 6 月 6 日	2017 年 12 月 19 日	40	服务科创	用友网络
13	江苏苏宁银行	2016 年 12 月 21 日	2017 年 6 月 16 日	40	科技驱动的 O2O 银行	苏宁云商
14	威海蓝海银行	2016 年 12 月 16 日	2017 年 6 月 29 日	20	互联网供应链	威高集团
15	辽宁振兴银行	2017 年 9 月 27 日	2017 年 9 月 28 日	8	普惠金融	荣盛中天
16	吉林亿联银行	2016 年 12 月 27 日	2017 年 5 月 18 日	20	智能网络银行	中发金控
17	梅州客商银行	2016 年 12 月 29 日	2017 年 6 月 28 日	20	服务三农两小	宝新能源

1. 深圳前海微众银行

深圳前海微众银行是国内首家开业的民营银行，由腾讯、百业源和立业等多家知名企业发起设立，法人顾敏，微众银行以互联网金融为方向，依托大数据，为个人及微小企业提供差异化金融服务，主打微粒贷借款产品。截至 2017 年末，资产总计 817 亿元，比 2016 年增长 57%，各项贷款余额 477 亿元，存款 53 亿元，注册用户超过 6000 万人，累计向 1200 万人在线发放贷款 87 亿元，实现收入 67. 48 亿元，比 2016 年增长 175%，实现净利润 14. 48 亿元，资产收益率 2. 17%，不良贷款率 0. 64%，资本充足率 16. 74%。依托微信和 QQ 端用户接口，微众银行目前总注册用户数则超过 6000 万人次，主打产品"微粒贷"和"微车贷"，在"2018 胡润新金融百强榜"评选中，微众银行荣获"最具品牌价值企业"称号。

2. 温州民商银行

温州民商银行是我国第一家正式对外营业的民营银行，也是温州市金融综合改革试验区建设取得的重要成果之一，注册资金 20 亿元，由 13 家优质民营企业共同发起，其中正泰集团股份有限公司和浙江华峰氨纶股份有限公司两家主发起人分别持股 29% 和 20%，其余股东包括森马集团、奥康鞋业等当地行业龙头企业。民商银行定位是助力小微、服务"三农"、扎根社区。经营特色是产业链金融和互联网直销，力图打造"温州人"特质的"民营模式"，弥补大银行缺位地带。截至 2017 年末，民商银行总资产 103 亿元，比 2016 年增长 88%，实现主营业务收入 5 亿元，净利润 1 亿元。吸收存款 55 亿元，发放贷款 38 亿元，资本充足率 22. 16%，不良贷款率为 0。

3. 天津金城银行

天津金城银行由 16 家发起人发起设立，其中，天津华北集团有限公司与麦购（天津）集团有限公司作为主发起人，分别持股 20% 和 18%。截至 2017 年末，金城银行总资产 188 亿元，吸收存款 91 亿元，发放贷款 74 亿元，业务主要分布在天津本地，实现收入 6 亿元，净利润 1. 5 亿元。计提减值准备 2. 3 亿元，资本充足率 23%。

4. 浙江网商银行

浙江网商银行股份有限公司是背靠蚂蚁金服为控股股东的民营银行，其董事长为蚂蚁金服董事长井贤栋，其利用互联网的技术、数据和渠道创新，是中国第一家将核心系统架构在金融云上的银行。网商银行依托阿里云海量大数据和客户挖掘的能力，打造借助互联网和大数据优势的"码商"计划，为小微企业、大众消费者、农村经营者与农户、中小金融机构提供金融服务。网商银行发展迅猛，截至 2017 年末，资产总计 78 亿元，实现主营业务收入 43 亿元，净利润 4 亿元。吸收存款 252 亿元，发放贷款 316 亿元，不良贷款率 1. 23%，远低于同行业水平。

5. 上海华瑞银行

上海华瑞银行由上海均瑶（集团）有限公司认购该行总股本 30% 股份；上海美特斯邦威服饰股份有限公司认购该行总股本 15% 股份，发展始于上海自贸区，立足服务自贸区改革，小微企业和科技创新。截至2017年末，华瑞银行资产总额391亿元，比2016年增长26%，实现营业收入9.8亿元，比2016年增长49%，实现净利润2.53亿元，比2016年增长78%。存款余额253亿元，比2016年增长39%，贷款余额180亿元，比2016年增长75%，其中小微企业贷款余额81.98亿元，比2016年增长83.22%，智慧供应链业务累计放款30亿元，不良贷款率为0.049%，资本充足率13%。荣获2016年中国人民银行科技发展一等奖，2017年上海银行业小微企业金融服务特殊贡献奖。

6. 重庆富民银行

重庆富民银行股份有限公司是推广常态化审批后成立的第一家民营银行，也是中西部第一家民营银行。富民银行由瀚华金控等重庆七家优秀的民营企业共同发起设立，立足于普惠金融，引导社会资金扶持中小微企业。

7. 四川新网银行

四川新网银行由新希望集团、小米、红旗连锁等股东发起设立，作为四川省首家民营银行。新网银行着力打造成为一家数字科技普惠银行，稳健的大数据风控和高效的互联网开放平台服务小微群体。截至2017年末，新网银行总资产达163.15亿元，全年亏损1.7亿元，但是在2018第一季度实现净利润约0.57亿元，扭亏为盈。

8. 湖南三湘银行

湖南三湘银行股份有限公司是中部地区首家开业的民营银行，由三一集团联合汉森制药等9家湖南省内民营企业共同发起，立足产业生态链和消费金融。截至2017年末，全行总资产73亿元，营收1.9亿元，净利润3955万元。吸收存款32亿元，发放贷款30亿元，资本充足率91%。

9. 安徽新安银行

安徽新安银行是安徽省首家民营银行，由安徽省南翔贸易（集团）有限公司等四家民营法人企业发起，以服务中小企业、支持普惠金融、践行区域金融改革为战略。截至2017年末，资产总额25亿元，实现营业收入3741万元，净利润−298万元。吸收存款5亿元，发放贷款4875万元。

10. 福建华通银行

福建华通银行注册于中国（福建）自由贸易试验区，是福建首家民营银行，由永辉超市股份有限公司、阳光控股有限公司分别持股27.5%和26.25%作为主要发起人。福建华通银行以金融为本，互联网为用，定位于科技金融，助微惠民，核心业务为供应链金融，普惠金融和消费金融。

11. 武汉众邦银行

武汉众邦银行由卓尔集团持股等六家民营企业发起设立，"物流金融"和

"科技金融"为双核,围绕中小型民营企业和消费类个人客户发展的多元化金融生态圈。截至 2017 年末,资产总额 145 亿元,营业收入 1 亿元,净利润 1587 万元,客户存款 90 亿元,发放贷款 41 亿元,资本充足率 17%。

12. 北京中关村银行

作为北京首家民营银行,北京中关村银行地处中关村核心区的北京市全国科技创新中心。

由用友网络、碧水源等 11 家中关村地区知名上市公司共同发起设立。中关村银行研发的十余个内容创新产品,累计线上交易 15 万笔,金额 34 亿元。截至 2017 年末,资产总额 91 亿元,实现营业收入 1.32 亿元,净利润 636 万元,吸收存款 4 亿元,发放贷款 8 亿元,资本充足率 49%。

13. 江苏苏宁银行

江苏苏宁银行股份有限公司是全国第一家 O2O 银行,由苏宁云商等多家知名企业发起设立,定位为"科技驱动的 O2O 银行",截至 2017 年末,全行资产规模突破 220 亿元,贷款余额超过 180 亿元,获得超 50 家银行的同业授信,个人客户数已达数百万。

14. 威海蓝海银行

威海蓝海银行股份有限公司位于山东半岛蓝色经济区核心城市——威海市。由威高集团等 7 家山东省内民营企业发起设立,基于互联网的供应链金融和 C 端普惠金融。截至 2017 年末,资产总计 103 亿元,实现营业收入 7935 万元,净利润 −9814 万元。吸收存款 28 亿元,发放贷款 26 亿元。

15. 辽宁振兴银行

辽宁振兴银行是辽宁省首家法人民营银行,国家贯彻实施新一轮东北振兴重大战略的有效举措,由沈阳荣盛中天实业有限公司等五家民营企业发起设立,专注于普惠金融业务。

16. 吉林亿联银行

吉林亿联银行,由中发金控投资管理有限公司和吉林三快科技有限公司两家民营企业发起,秉持"金融生活化"和"生活互联网 +"的理念。其中,吉林三快科技的母公司运营美团网,依托其流量,发展互联网金融。

17. 梅州客商银行

梅州客商银行是广东银监局辖内成立的第一家民营银行。由宝新能源等五家民营企业共同发起设立。梅州客商银行将立足梅州,以普惠金融、智慧金融、科创金融和民系金融为四大业务重点,以"三农两小"等为客户群体。

综上可看出,民营银行整体成立时间较短,但在 2017 年保持了超高速的增长势头。截至 2017 年末,17 家民营银行总资产 3381.4 亿元,同比增长

85.22%，各项贷款余额 1444.17 亿元，同比增长 76.38%；实现净利润 19.67 亿元，是 2016 年同期的 2.09 倍。其中，互联网银行＋民营银行的模式优势突出，前海微众银行 2017 年总资产增速为 57%；营业收入增速高达 175.54%；浙江网商银行 2017 年资产总额增长 27.06%；营收同比增速 62.12%。

12 家有公开公布年报数据的民营银行中，10 家已实现盈利，ROA 水平为 0.84%，与同行业基本持平。最为突出的前海微众银行，ROA 高达 2.17%。盈利能力之外，不良贷款率民营银行为 0.53%，低于商业银行 1.74% 的平均水平。其中前海微众银行不良率为 0.64%，远低于同行业水平。

综上可见，前海微众银行、网商、新网等民营银行的发展优势明显，依托于新金融巨头、互联网平台，定位相对清晰，技术、流量以及资金成本优势显著，走网络金融的发展战略，与传统金融机构实现了差异化发展，运用自身优势找到了传统银行业的薄弱环节，无论是在业务规模还是盈利能力方面都进一步与其他民营银行拉开差距。互联网银行的优势在于通过技术手段提升运营效率、降低运营成本，通过大数据分析、AI 学习提高风控水平、减少坏账损失。

二、我国民营银行市场准入的制度壁垒

我国政府在引导民间资本进入银行体系的问题上，最初的政策法律基础是原国家计委发布的《关于促进和引进民间投资的若干意见》，其中明确指出："除国家特殊规定外，凡鼓励和允许外商投资进入的领域，均鼓励和允许民间资本进入。"2002 年 1 月，国务院办公厅转发原国家计委关于《"十五"期间加快发展服务业若干政策的意见》，其中又明确提出："在国有经济比重较高的对外贸易、公用事业——金融、保险等行业要逐步放宽对非国有经济的准入限制和扩大对外开放。"伴随这些政策法规颁布，我国长期不允许民间资本进入的银行业禁区悄然放开。

2005 年 2 月 25 日，国务院发布《关于鼓励支持和引导个体私营等非公有制经济发展的若干意见》，是新中国成立以来首部以促进非公有制经济发展为主题的中央政府文件，文章内容共 36 条，被称为"非公经济 36 条"。"非公经济 36 条"清理了大批与该文件精神不符的政策规章制度，被视为力度空前的文件。在市场准入方面，"非公经济 36 条"提出："贯彻平等准入、公平待遇原则；允许非公有制经济进入垄断行业，并可进入自然垄断行业。"

金融危机以后，为了鼓励民企的投资热情，激发民营经济的活力，宏观调控政策向调动民间投资转向。为解决部分领域存在行业垄断，民营资本无法进入的局面，2009年9月，由国家发改委牵头起草的《关于进一步鼓励和促进民间投资的若干意见》（以下简称"促进民间投资20条意见"）上报国务院，文件中明确赋予民间资本进入金融保险等五大垄断领域的"通行证"，并且降低民间投资的准入门槛，同时辅助以具体的财税金融支持政策，缩小核准范围和简化审批程序等，以期驱动经济快速复苏。

2010年3月24日召开的国务院常务会议发布了《关于鼓励和引导民间投资健康发展的若干意见》，共提出36条指导意见，称为"新36条"。"新36条"对民间资本可进入的行业进行了更加细化，同时将政策重心放在解决民间投资面临的市场准入障碍方面。在金融服务业方面的具体措施包括：鼓励民间资本兴办中小城镇金融机构，发起和参与设立村镇银行、贷款公司、农村资金辅助社等金融机构；放宽村镇银行或社区银行中法人最低出资比例的限制，放宽小额贷款公司单一投资的比例限制，为当地中小企业和居民提供的金融服务。

2012年，银监会发布《中国银监会关于鼓励和引导民间资本进入银行业的实施意见》，正式明确"民营企业可以通过发起设立、认购新股、股权转让、并购重组等方式投资银行业金融机构"，为民营资本进入银行业扫平政策障碍。

2013年末，党的十八届三中全会提出："在加强监管的前提下，允许具备条件的民间资本依法发起和设立中小型银行等金融机构""建立存款保险制度，完善金融机构市场化退出机制"。

2014年3月，原银监会确定了首批民营银行试点方案，批复筹建了深圳前海微众银行、浙江网商银行、上海华瑞银行、天津金城银行、温州民商银行五家民营银行。

2015年6月，原银监会出台《关于促进民营银行发展的指导意见》，将组建民营银行由试点经营转为常态化设立。2016年，重庆富民银行、四川新网银行等12家民营银行获批筹建。截至目前，获批筹建的民营银行共17家，目前已全部开业。

2016年底，原银监会发布《关于民营银行监管的指导意见》，标志着民营银行正式进入依法依规常态化设立的新阶段。

2019年3月5日，在第十三届全国人民代表大会第二次会议的工作报告中，李克强总理提出"改革优化金融体系结构，发展民营银行和社区银行"，首次在政府工作报告中强调发展民营银行。

（一）显性制度壁垒

制度性壁垒分为显性制度壁垒和隐性制度壁垒。显性制度壁垒主要包括《中华人民共和国商业银行法》和《中华人民共和国公司法》等法律法规明确规定的，银行业在资本金要求、管理人员条件、审批程序等方面的一系列规定所形成的壁垒。

1. 商业银行资本金要求

商业银行资本金包括两部分：商业银行在开业注册登记时所载明、界定银行经营规模的资金，即注册资本；商业银行在业务经营过程中通过各种方式不断补充的资金，即补充资本。

根据我国《商业银行法》的规定，商业银行有注册资本最低限额的规定。根据设立银行类型的不同，分别不得低于一定限额，如表 4 - 2 所示。

表 4 - 2　我国商业银行最低注册资本的要求

类型	最低注册资本限额
全国性商业银行	10 亿元人民币
城市商业银行	1 亿元人民币
农村商业银行	5000 万元人民币

资料来源：《中华人民共和国商业银行法》（2004 年修订）。

其中，为了安全性考虑，对银行注册资本金要求必须是实缴资本。国务院银行业监督管理机构根据审慎监管的要求还可以调高注册资本的最低限额。

2. 银行业市场主体的准入要求

这一项是对从事银行业务的人数、从业资质、工作经验、公司实体资格是否获得相关部门的授权等条件的考察。要求具备任职专业知识和业务工作经验的董事、高级管理人员。有符合《中华人民共和国商业银行法》和《中华人民共和国公司法》规定的章程，有健全的组织结构和管理制度，有符合要求的营业场所、安全防范措施和与业务有关的其他设施。[1]

3. 银行业市场准入的审批项目

设立商业银行的申请人须向国务院银行业监督管理机构提交下列文件和资料：申请书，载明拟成立的商业银行名称、所在地、注册资本、业务范围等；可行性研究报告；其他国务院银行监督管理机构规定提交的其他文件、资料。

以上文件查经符合规定的，申请人须填写正式申请表，并提交下列文件、资料：章程草案；拟任职的董事、高级管理人员的资格证明；法定验资机构出具的验资证明；股东名册及其出资份额、股份；持有注册资本 5% 以上的股东的资信

---

① 资料来源于《中华人民共和国商业银行法》第二章第十二条。

证明和有关资料；经营方针和计划；营业场所，安全防范措施和与业务有关的其他设施的资料；国务院银行业监督管理机构规定的其他文件、资料。

4. 商业银行资产负债比例管理规定

《中华人民共和国商业银行法》规定，我国商业银行贷款应该遵守下列资产负债比例管理规定：

（1）资产充足率不得低于8%。

（2）贷款余额与存款余额比例不得超过75%。

（3）流动性资产余额与流动性负债余额比例不得低于25%。

（4）对同一借款人的贷款余额与商业银行资本余额不得超过10%。

（5）国务院银行业监督管理机构对资产负债比例管理的其他规定。①

（二）隐性制度壁垒

与显性制度壁垒相比，我国存在的隐性制度壁垒更为严重。"非公经济36条"发布之后，国家发展和改革委员会和有关部门出台了一系列落实方案。截至2006年底，在市场准入等方面出台了24个配套文件；全国31个省区市制定、出台促进非公有制经济发展的法规或政策文件200多件，② 然而，"非公经济36条"在实际的贯彻落实中还存在诸多困难。

隐形制度壁垒主要体现在观念和体制上，在银行业等国有垄断程度高的行业，国有企业掌握巨大的既得利益，民间资本的准入门槛即使降低了，也还会遇到大量的"玻璃门"现象。放开民间资本进入垄断行业的关键，是现有垄断部门能不能真正欢迎民间资本进入，改变现有的利益分配关系。

转变观念之外，政府的审批行为如果存在暗箱操作，也会相应提高民营银行的市场准入壁垒。由于民营资本作为银行业的未进入者，需要通过审批。在注册、取得经营许可等具体活动中，给予掌握审批权力的政府部门设租的机会。民营资本占有者为获取政府支持不得不向政府寻租，形成政治体制漏洞下的隐形制度壁垒。

目前实践发现，虽然民营银行的战略定位中，多有互联网金融方向，但真正能够形成核心优势，创造价值的银行仅有几家。大多数民营银行差异化经营艰难。若无法形成技术和资金优势，对民营银行的长远发展形成隐性壁垒。首先，吸收存款是民营银行的短板。存贷业务是银行的主营业务，民营银行建立时间短，信用品牌建立需要时日，都为民营银行的吸储带来困难。严重依赖于同业拆

---

① 资料来源于《中华人民共和国商业银行法》第四章第三十九条。

② 《中国私营企业研究》课题组.2006年中国第七次私营企业抽样调查数据分析综合报告［R］.2007－02－15.

借造成资金成本高企，挤压民营银行的利润空间；其次，市场空间较小，展业壁垒较高。目前对于民营银行的 17 家试点，仅限于当地一行一店模式，当地设置一家总行，以传统银行的经营模式，很难在大型传统商业银行下沉和新金融机构扩张的夹缝之中突围。最后，管理能力的提升有赖于打破吸引人才的壁垒。对于业务聚焦于小微企业的民营银行来说，需要更科学的风控手段和更有效的贷后管理。专业人才对于民营银行的认可和青睐，需要打破观念上的隐性壁垒。

第五章 我国民营银行市场
退出机制研究

一、银行业市场退出及其模式

银行业市场退出是指银行不再作为行业中金融产品的供应者，退出银行业市场的行为。银行业的市场退出要面对退出壁垒，即限制市场在位银行退出市场的各种因素之和。

银行市场退出会带来很高的成本，包括经济成本和社会成本，同时伴随成本的外部化。经济成本构成了经济性退出壁垒，包括银行固定资产、信贷资产，投资所形成的资产。有些专用性强的固定资产，如专业设备和网络等，构成沉没成本的主要部分。信贷资产和投资则容易受到银行市场退出行为的影响，造成价格的损失，也构成沉没成本。社会成本包括人员解聘后给社会带来的就业压力，与客户长期建立的合作关系的流失等。外部性成本包括对市场信心的影响，以及对其他关联交易金融机构的风险扩散等。

市场退出分为主动退出和被动退出。主动的市场退出是指经营者发现了更好的盈利机会，主动由银行业市场转移至其他市场。主动市场退出是为了促使银行转变经营方式，多数银行利用并购等主动市场退出手段，实现业务范围的拓展，经营品种的多样化。

被动的市场退出机制是指银行在经营业绩不佳的情况下破产或是被迫市场转移。在银行良性运转时，这种退出机制更多的是一种威慑，使银行必须重视退出机制标准，严格防范经营管理的疏忽和漏洞所产生的严重后果。

相对于经济方面的损失，银行业市场退出的社会成本往往更高。为了避免银行业市场退出给经济发展带来混乱，政府都设立专门的组织机构在一定的法律框架下安排银行的有序退出。当银行需要进入市场退出程序时，高效、有序的退出机制会防止退出银行和其相关企业的投机等扰乱市场秩序行为。

目前，我国银行业市场退出模式主要包括兼并收购、自动解散、行政撤销（关闭）和破产四种。

1. 兼并收购模式

兼并收购模式指问题金融机构在无法救助、救助失败、金融监管部门接管未达到预期目的或接管期间已经找到接收机构的情况下，由有实力的金融机构全额收购其股份，或者采取吸收合并的方式将其兼并的模式。收购或兼并完成后，问题金融机构予以解散并由监管当局宣布撤销，其债权债务由收购方或兼并方予以承接。

2. 自动解散、行政撤销模式

分为自动解散和行政撤销两种情况。自动解散指金融机构丧失经营能力后，根据其章程或者法律规定，经批准登记注销金融机构组织的模式。行政撤销指金融监管部门对金融机构依法采取强行措施，终止其经营活动，对其债权债务进行清算，最终取消其法人主体资格的模式。

3. 破产模式

破产是依据司法程序对特定的金融机构实施市场退出的模式。金融机构不能支付到期债务的，金融机构或其债权人均可向人民法院提出破产申请。人民法院依法做出裁定，对金融机构的资产进行清算并对剩余财产实行强制分配，以使债权人得到公平偿还。由于金融业的特殊性质，人民法院依法宣告金融机构破产前应事先征求金融监管部门意见。

二、我国银行业市场退出模式及其案例分析

（一）国有大型商业银行：不适用市场退出选择

在我国特殊的经济背景下，国有银行的产生肩负了支持国家建设和为国有企业融资的历史使命。由于权责不清，非自主经营，到 1997 年东南亚金融危机后，标准普尔对中国大陆银行业重整估算，不良贷款达 1.8 万亿元，占整个银行体系总贷款的一半，不良资产拨备率仅为 6.9%，严重资不抵债，"在技术上已经破产"。[①] 在理论上已被逼入市场退出通道。

---

① 工商银行打破国有银行"破产轮"［EB/OL］. 凤凰财经. http：//finance. ifeng. com. 2008 – 12 – 08.

我国政府没有允许四大国有银行破产，而是采取了一系列挽救措施。1998年8月，财政部发行2700亿元特别国债，用于补充四大国有银行资本金，次月，再次发行1000亿元。2000年7月，成立四大金融资产管理公司按账面全价购买不良资产共1.4万亿元，并将银行业营业税税率从2000年的8%逐年降至2003年的5%。2004年，国务院宣布将450亿美元外汇储备注资中国银行和中国建设银行，汇金公司于2005年向中国工商银行注资150亿美元，2007年向中国农业银行注资250亿美元。① "一揽子"救助计划挽救了四大国有商业银行，使其重新发展壮大并完成股份制改造，全部完成上市。

国有银行"大而不倒"的现象早有先例，新加坡、马来西亚和日本等国都曾动用外汇储备注资国有银行。在最近一次的金融危机中，美国政府对AIG等问题金融机构的救助，形成了一股"国有化风潮"。

政府对国有大银行的支持和保护政策，主要目的在于维护金融系统乃至整个经济运行的稳定。与挽救国有银行相比，经济运行的混乱到重建，直至恢复至原来的水平需要背负更大的经济成本，乃至政治成本和社会成本，是一国所不能忍受的。除此之外，斯特恩（Gary H. Stern）和菲尔德曼（Ron J. Feldman）还指出：大银行的稳定有利于监管者的声誉，并且可以为政府提供更多的直接贷款。②

政府对大银行的保护政策显然会产生道德风险，使国有大银行产生冒险的动机，影响经营的稳健。针对这一问题，美联储主席伯南克也承认"保大弃小"的救助政策有违市场公平，有损纳税人利益，但不是所有类型的金融机构都适用于同种游戏规则，变卖银行资产，通过存款保险公司对银行进行清算等手段并不适用于大型金融控股公司，而只能通过实施更加严厉和有效的监管。③ 可见，国有大型银行是不适用市场退出机制的，或者说，国有大型银行一般是不进行市场退出的。

（二）银行间并购

银行间的并购是市场化退出方式的重要途径。在并购模式下，随着银行所有权的转移，债权债务关系也随之转让，避免了债权债务断裂带来的信用风险，成为风险最小化的市场退出方式。我国银行业并购实践可分为以下三个发展阶段。

（1）政府主导阶段。典型案例是广东发展银行兼并收购中银信托投资公司。

---

① 董登新. 中国国有银行改革历程全景分析［J］. 武汉科技大学学报（社会科学版），2004（2）.

② Gary H. Stern, Ron J. Feldman. Too Big To Fail: The Harzard of Bank Bailouts［M］. Brookings Institution Press, Washington D. C., 2004.

③ 美联储主席伯南克关于金融危机的四个重要问题［EB/OL］. 中国银行业监督管理委员会网站. http://www.cbrc.gov.cn. 2009 - 04 - 14.

由于中银信托投资公司违法设立分支机构，违法违规经营，经营管理混乱，导致该公司资本金严重不实，资产质量低下。1995 年 10 月 5 日，该公司被中国人民银行依法接管。1996 年 10 月 6 日，经广东发展银行董事会同意并由中国人民银行批准，广东发展银行兼并收购了中银信托投资公司。我国银行业国内的并购活动还偏重行政主导，并购目的在于化解被并购对象的不良债务，及早解决问题银行给社会带来的风险，有时会忽视并购银行的承受能力，影响并购银行未来的经营情况。

（2）横向联合阶段。国内银行并购开始向市场导向方向发展，行政干预的色彩有所淡化。并购过程更多的由并购双方按自主协商方式进行。典型案例是招商银行在 2003 年和 2004 年收购盘锦市商业银行和泉州市商业银行，并购后实现自身经营规模的扩大，增强了市场竞争力。市场化的并购动机来自银行同业对对手的关注程度，竞争关系下这种关注可能超过监管部门，更容易意识到竞争对手效率的下降或风险过高，并采取并购手段。因此，并购方式并不一定出现在银行发生严重问题之后依靠政府主导，而是在风险暴露初期由并购银行双方自发达成。

（3）海外扩张阶段。伴随我国银行上市后资金充裕，加之国外银行业的不景气，以中国工商银行为首的大型商业银行纷纷实施海外扩张战略，海外并购频繁，反映了我国银行扩大规模、实行混业经营和打开国际市场的迫切要求。从长期来看，海外扩张并购不应只是初级阶段的横向并购，而更应该注重业务的互补性，在战略价值之外重视规模扩张后投资价值的提升。

（三）撤销和解散

关闭撤销是我国金融机构没有破产清算先例之前，对挽救失败、资不抵债的金融机构采取的市场退出方式。关闭撤销方式典型案例是关闭海南发展银行，它的发生有其特殊的背景。海南原有 34 家信用社，不良贷款比例普遍很高，在海南人民银行的清理整顿结果中，最终保留 1 家，关闭 5 家，其余 28 家并入海南发展银行。[①] 但是，由于接管和接收城市信用社后债权债务十分混乱，1998 年 6 月 21 日，海南发展银行已经不能及时支付到期债务。为了保护债权人的合法权益，由中国人民银行公告对海南发展银行实行关闭。同时，依法组成清算组进行关闭清算，指定中国工商银行托管其债权债务，对境外债务和境内居民储蓄保证支付，其余债务待清算后按比例偿还。

目前，我国还没有银行解散的案例，在非银行类金融机构特别是信托行业中

---

① 李红坤，李昌振．资本约束下我国问题银行处置方案设计［J］．广东商学院学报，2007（2）：28－31．

有关金融类机构解散的典型案例，可以作为我国处理金融类企业解散手段的总结。解散的典型案例是 1998 年中国农业发展信托投资公司（以下简称"中农信"）由于经营管理不善，首先由中国建设银行进行托管，托管期结束后由中国人民银行发布公告，正式进行解散。解散后，其所属证券交易营业部并入中国信达信托投资公司，同时将营业部债务一并承接。该信托投资公司其余债务分别划转财政部、中国农业银行、中国银行和中国建设银行。①

（四）破产

我国目前没有银行破产的案例，第一家非银行类金融机构破产案是广东国际信托投资公司破产。广东国际信托投资公司由于经营管理混乱，严重资不抵债。1998 年 10 月 6 日，中国人民银行决定关闭广东国际信托投资公司，并组织清算组对其进行关闭清算，清算期间其相关债权债务由中国银行托管。1999 年 1 月广东省高级人民法院按照法律规定宣布对广东国际信托投资公司做出了破产决定。同时，中国人民银行发布《关于清偿原省国投自然人债权的公告》，由中国银行清偿广东国际信托投资公司的自然人债权，但只支付本金，不支付利息。②

三、我国银行业市场退出实践中暴露的问题

从我国银行业市场退出实践来看，计划经济时代，我国银行业不存在市场退出，政府对银行提供无限信用和资金保护；随着市场经济体制的建立，银行业竞争日趋激烈，经营体制和管理模式的缺陷导致金融风险迅速积累，政府放弃了对金融机构一味保护的政策，1995 年 9 月，央行接管中银信托投资公司，但对银行业仍然采取保守态度，海南发展银行成为新中国成立以来第一家行政关闭的商业银行，我国开始不断探索商业银行市场退出机制，各类银行类金融机构退出活动也开始频繁。但到目前为止，完善、有效的市场化退出机制在我国仍然有待完善，具体表现在以下几个方面：

（一）欠缺系统的法律体系

随着金融机构市场退出实践，我国相继出台了相关法律法规，为金融机构市场退出行为奠定了初步法律基础。我国现有的法律、法规中，对商业银行市场退

---

① 中农信被解散 ［N］. 人民日报（第二版），1998 - 02 - 26.
② 广东国际信托投资公司破产案 ［N］. 最高人民法院公报，2003（3）27 - 29.

出的条件和方式给出了一些初步的指导原则和制度性安排（见表5-1）。

表5-1　商业银行市场退出金融业相关法律法规

时间	法律法规名称
2001	金融机构撤销条例
2004	中华人民共和国中国人民银行法（修订）
2004	中华人民共和国商业银行法（修订）
2006	中华人民共和国银行业监督管理办法

资料来源：中国人民银行网站，http：//www.pbc.gov.cn.

此外，民营商业银行作为一般性企业的一部分，在市场退出时也要遵守一般性企业市场退出的法律、法规（见表5-2）。

表5-2　一般性企业市场退出相关法律、法规

时间	法律法规
1991	民事诉讼法
2005	中华人民共和国公司法（修订）
2006	中华人民共和国企业破产法（修订）

资料来源：中国人民银行网站，http：//www.pbc.gov.cn.

尽管法律条文看似繁多，但大多限于对银行业市场退出时组织机构的权责，正常的退出时间安排和程序、所需手续和文件以及各方的法律责任给予原则方面的认定。而针对实际实施中的方式选择、方法和标准、范围等具体内容没有做出明确规定。即使在已有的相关法律条文中提及，也较为简单、粗糙且分散，没有形成系统的法律依据。例如，《商业银行法》中，关于对问题银行的市场退出条款中，对于接管的前提、目的和终止时限作了概括性表述，但是缺乏对相关内容详细而明确的规定。《中央银行法》提出"中国人民银行依法对金融机构及其业务实施监督管理，维护金融业的合法稳健运行"，这一原则性条款对中国人民银行进行了授权，而具体依照的法律法规并未给予指明。

由于修订年代的差别，各法律法规之间也存在互相抵触的问题。例如，《金融机构撤销条例》规定：被撤销的金融机构清算财产，应当先支付个人储蓄存款的本金和合法利息，之后剩余的财产，应该清偿法人和其他组织的债务。[①] 而

---

① 资料来源于《金融机构撤销条例》（2001年版）（中华人民共和国国务院第324号令）第四章。

《中华人民共和国商业银行法》在银行接管和终止时规定：商业银行破产清算时，在支付清算费用、所欠职工工资和劳动保险费用后，优先支付个人储蓄存款的本金和利息。① 职工工资与企业之前形成的是债权债务关系，法律与法规之间的规定有所违背。

（二）缺乏专门的市场化执行机构

正是由于法律体系不具体和不完善，导致市场退出的主管机构在实施过程中依据混乱，操作难度大，进一步导致了政府在银行市场退出处理中缺乏有效的法律约束指导，增加了行政指令的随意性。

很长一段时间内，中国人民银行作为金融机构的主要监管部门，负责银行的挽救、市场退出的审批和主持工作。例如，海南发展银行出现问题时，央行从1997 年底到 1998 年 3 月，累计向海发行提供再贷款 31.51 亿元；1998 年 2 月到4 月，同意海南发展银行发行特种金融债共计逾 14 亿元。② 最终在挽救无效的情况下，央行秘密下发《关于关闭海南发展银行的通知》，并决定由当时实力最强的中国工商银行进行承付，1998 年 6 月 20 日，由当时的央行银行司司长蔡鄂生宣布正式关闭海南发展银行。

2004 年底颁布的《中华人民共和国银行业监督管理法》，正式确立了中国银行业监督管理委员会在我国商业银行监管方面的主导地位，现已更名为中国银行保险监督管理委员会。《中华人民共和国商业银行法》规定：商业银行已经或者可能发生信用危机，严重影响存款人的利益时，国务院银行业监督管理机构可以对该银行实施接管。③ 商业银行解散的，应当依法成立清算组进行清算，国务院银行业监督管理机构监督清算过程。④ 中国人民银行仍然保持一定的辅助功能。在金融机构出现支付困难、可能引发金融风险时，为了维护金融稳定，经国务院批准，有权对银行业金融机构进行检查监督。⑤

此外，我国拥有银行市场退出辅助功能的机构还包括人民法院。人民法院通过企业破产程序的审理，可以在过程中保护金融债权。例如，广东国际信托投资公司系列破产案的审结过程中，人民法院在维护金融安全方面起到了重要作用。⑥ 但到目前为止，我国仍没有专门的市场化机构对商业银行的市场退出进行

---

① 资料来源于《中华人民共和国商业银行法》第八章第七十一条。
② 海南发展银行清算倒逼银行破产机制 ［EB/OL］. 新浪财经网站，http：//finance. sina. com.
2006. 12. 16.
③ 资料来源于《中华人民共和国商业银行法》第七章第六十条。
④ 资料来源于《中华人民共和国商业银行法》第七章第六十九条。
⑤ 资料来源于《中华人民共和国中国人民银行法（修订）》（2004 年版）。
⑥ 有效保护金融债券 ［N］. 金融时报，2004 – 06 – 23.

全面的执行和管理。

（三）退出程序中政府介入过深

我国金融机构市场退出实践中，政府过多地运用行政手段，较少地运用市场手段，造成金融机构市场退出的效率低下，且政府承担了市场退出所造成的大部分损失。由于金融机构的性质特别，因此金融机构市场退出有时也是一种政策性行为，要有政府力量的介入。但政府的介入必须以市场和法律为基础，在目前法律体系尚未完善的前提下，政府过分注重运用行政手段，对银行业市场退出的每个环节都过分干预。

政府运用行政手段，对银行业市场退出进行行政干预存在一系列问题。一是政府不具备解决债权债务关系的职能。《金融机构撤销条例》规定对被关闭或撤销的金融机构由中国人民银行组成清算组或委托其他金融机构清算，采取不进入破产程序的清盘方式进行。人民银行作为国家行政机构不具备为企业性质的银行代偿债务的职能，也不具备对本该足额偿还的债务进行减免的权利，而只是对清算工作进行主持和监督。由中国人民银行委托的金融机构与中国人民银行之间有委托关系，由此产生的一切责任由委托方承担，而中国人民银行不具备实际承担债权债务关系的职能。二是政府不具备按照市场规律组织银行市场退出的意识。政府基于自身角度的考虑，对商业银行购并、清算的具体选择并不能完全依据市场经济标准，而是更多地考虑能否化解眼前的危机与恐慌，保持社会稳定。至于银行自身的发展和对未来的影响，则是次要的。因此，行政色彩强烈的商业银行市场退出行为难以体现市场规则发挥的作用，在政府对各利益集团的权衡之中，侧重的是金融租金的再分配，无法实现金融体系运作效率的提高——这一市场化退出的终极目标。三是政府用行政命令托管的方式带来更大的弊端。政府面对问题银行的最终解决手段只能是行政关闭，命令托管。并没有完成风险的减小或分散，而只是将遗留的问题和风险转嫁给了托管企业。这一手段在短时间内看似稳定了局面，化解了挤兑危机，然而容易带来托管企业未来的更大风险的爆发。海南发展银行被指令收购海南 28 家城市信用社以后，带来的负面效应迅速蔓延，最终直接导致了海发行陷入破产境地。而中国工商银行接管海南发展银行和中国建设银行接管中农信，是由国家纳税人成为了问题金融机构损失的最终承担者。这种方式对于潜在的问题金融机构而言，则会滋生道德风险，助长投机心理，不利于自身风险防范意识的加强，加剧了金融体系的不稳定。

（四）缺乏市场化退出的缓冲和稳定机制

自 20 世纪 80 年代以来，世界上有 68 个拥有存款保险制度的国家中，有 52

个成立了存款保险公司或组建了存款保险基金。① 以此作为全面负责银行市场退出的执行机构，与中央银行、财政部等部门保持独立。

在《中华人民共和国商业银行法》中专门有对存款人保护的规定：商业银行应当保证存款本金和利息的支付，不能拖延、拒绝支付存款本金和利息；商业银行向中国人民银行交存存款准备金，留足备付金。② 商业银行因分立、合并或者出现公司章程规定的解散事由需要解散的，应该向国务院银行业监督管理机构提出申请，并附解散的理由和支付存款的本金和利息等债务清偿计划，依法整理清算组进行清算，按照清算计划及时偿还存款本金和利息等债务。③ 这显然不适用于发生严重经营问题、资不抵债、进入破产等市场退出程序的商业银行。在实际操作中，我国银行市场退出的执行机构一直是中国人民银行和国家财政，通过央行的再贷款、地方财政的拨款或是其他方式筹资，保证存款人本金的兑付，解决问题银行的债权债务关系。

这一做法在短期内阻止了金融恐慌，维持了金融稳定。然而长期来看，这种做法是不尽合理的。在 2001 年 12 月 5 日，国务院颁布了《金融机构撤销条例》，为解决、处理违法违规经营以及经营管理不善而严重资不抵债的金融机构市场退出提供了法律依据。在《撤销条例》第 22 条中明确规定："被撤销的金融机构财产经清理、核实后，清算组应该制作清算方案，方案由清算组与债权人协商后，报中国人民银行确认。"也就是说，这一规定明确将政府从清算的财产出资人中剔除，取而代之以清算组和债权人之间协商方式偿还解决债权债务问题。将代表国家信用的政府部门从银行市场退出机制中剔除是向市场化改革的标志性举措，然而，银行作为特殊的企业，特别是民营银行在市场退出过程中失去信用的支撑，很可能引发挤兑恐慌和一系列金融风险。因此，在政府退出清算程序的同时，需要存款保险制度进行风险的分散，和对因此产生的金融和社会风险的缓冲。

存款保险制度优缺点的判断取决于如何在下列两点间达成平衡，即存款保险给金融业稳定性的促进作用和由于道德风险给未来银行业带来的脆弱性的影响。该平衡点在很大程度上取决于提供存款保险的条件和存款保险的融资情况，特别是存款保险提供赔付的程度和保险的定价是影响道德风险的关键。

（五）缺乏主动市场退出手段

由我国银行业市场退出的案例来看，多是经营管理不善或违规操作导致的债

---

① 安启雷，陈超. 金融机构市场退出机制的国际比较与我国的制度选择 [J]. 金融研究，2003 (10)：28－32.

② 资料来源于《中华人民共和国商业银行法》第三章第三十二条、第三十三条。

③ 资料来源于《中华人民共和国商业银行法》第七章第六十九条。

务危机，而不得不做出市场退出的选择。发达国家的银行业市场退出则更加注重以并购为主要形式的主动性市场退出。安德鲁·盛在《银行业重组——从20世纪80年代银行危机中得到的经验教训》中，提出了银行业重组和稳健经营的策略，认为在严格的市场经济下，最为简便的方法是进行破产清算，但这只对于个别发生问题的银行而言。如果银行问题由单个扩展到多数以至银行业时，通过银行重组等政府救助性措施来解决困境则是战略之举。[①]

这与我国国有金融体系居于主导地位有关，而对于民营银行则更有借鉴意义。以增强竞争实力和发展潜力、扩展市场份额为目的的主动性市场退出将是未来市场退出机制发展的主要方向。很多国家将之作为提高本国金融业竞争力的战略高度上。我国的银行业市场退出制度也不该还停留在低层次上，而是要对银行之间基于商业考量的收购、兼并等主动性市场退出给予重视。

---

① 安德鲁·盛. 银行业重组——从20世纪80年代银行危机中得到的经验教训 [M]. 北京：金融出版社，2001.

第六章 国外商业银行市场准入——退出机制经验借鉴

一、国外商业银行市场准入机制研究

银行作为连接公众储蓄与商业投资之间的中介，由于自身的脆弱性和负外部性，各国监管部门都对银行业市场准入有着严格的限制。《有效银行监管核心原则》中对于准入机制规定，监管机构应明确界定被监管对象，规定银行业发放执照的允许业务范围，执照界定标准包括银行所有权结构、经营计划、内部组织结构、董事和高级管理人员资格、财务情况等。与我国的民营银行市场准入——退出现状相比，各国银行的市场化程度更高，特别是在市场经济发达国家，市场准入——退出机制也更加完备，各国银行业监管部门都对市场准入——退出有着严格的规定。

（一）美国银行业市场准入机制研究

美国作为典型的金融市场为主导的金融体系，一直倡导的是自由竞争，19世纪早期，相对于其他国家，美国的银行业市场准入要求较为宽松。1873年的《自由银行条例》规定：任何个人或集团只要有充足的资本，并按法案规定履行业务，都可以取得银行的执照。并在1900年将银行注册资本从5万美元改为2.5万美元，大大降低了银行业的行政性准入壁垒。到1914年，美国共有国民银行7518家，州银行达到近20000家。到第一次世界大战前达到峰值，全美商业银行共计30456家。①

---

① 白钦先．比较银行学 [M]．郑州：河南人民出版社，1989．

20 世纪 30 年代的经济危机导致了美国一半以上的州银行停业。1933 年和 1935 年的《银行法》结束了美国自由经营银行的制度。开始对银行的准入进行严格的规制，法律规定：任何人要开设银行，必须得到联邦或各州监管机构的许可。获得许可需要满足以下条件：一是必须有充足的理由使监管当局确信准备设立银行的地区存在公众对新银行的需求；二是组织者需具备诚实的品质和较强的能力，且有必要的管理方案；三是必须拥有一定量的资本金作为经营失败的充分保护，且有足够的证据表明所成立的新银行能很快达到足够高的盈利水平。美国银行注册的手续也较过去更加周密和复杂。此外，1927 年的《麦克法登法案》、1933 年的《格拉斯—斯蒂格尔银行法案》和 1956 年的《银行控股公司法案》，三项法案通过限制银行业业务产品和经营地点等，旨在保护美国的单一银行制度。在经营范围壁垒上实行分业经营，在资产负债表上限定银行在传统存贷项目上经营，除了少数严格界定的政府债券投资之外，股票交易和投资银行业务被严格禁止。另一比较有特色的准入壁垒是地域壁垒，各州之间不许银行跨州设立分支机构经营业务，也不鼓励银行在本州内的扩张。

20 世纪 70 年代以后，随着科技发展、产品创新，各类金融机构涉足银行业务领域，银行业要求摆脱束缚，开创新经营领域和混业经营的呼声高涨。1980 年《储蓄机构取消管制与货币控制法案》解除了对储贷业务的严格限制，并允许银行将 40% 的资产用于商业房地产贷款业务，超过 30% 以上的资产用于消费信贷，超过 10% 以上的资产用于商业贷款与租赁，以及超过 10% 以上的资产用于投资股票。[1] 此外，美国此时的准入原则回到准则主义，即设立银行只要符合法律法规，申请人筹集到法定的最低资本金，不需要报请有关部门批准就可以自动获得牌照，旨在对美国境内银行实行公平竞争原则。准入壁垒的骤然降低，业务领域的过快放开与监管体制的落后，造成 1982 年底美国银行业普遍的财务危机。1996 年的《巴塞尔资本协议Ⅰ》和 2007 年实施的《巴塞尔协议Ⅱ》要求银行业增强自由资本实力，增强资金透明度和风险敏感度，从而在降低风险方面对银行业提出更高的准入要求。

在银行市场准入的标准上，美国无论是联邦政府或是各州政府还更重视对拟设银行盈利前景、管理层、资本金、社区便利及需要等因素的考查。其中，有关盈利前景的考查重点落在对新银行所在地社区经济和竞争状况的分析，主要包括同业竞争状况，是否可容纳新的竞争者；新银行对每项产品市场份额的业务战略及预期结果，若后期的经营情况与申请人的预期业绩出入较大，监管当局有权要求给予合理解释。在管理层的审核上，与问题机构有联系的人员将受到格外严格

---

① 美国银行监管推陈出新［EB/OL］. 数字财富，http：//finance. sina. com. cn. 2004－03－10.

审查，若无合理原因免责，监管当局不予同意。此外，对于社区银行还需要判断社区公众对拟设机构的支持度，监管机构通过在拟设社区发布通告，公告期内社区中居民可对拟设机构及其管理层发表意见或是要求召开公众听证会等。

（二）英国银行业市场准入机制研究

1998 年之前，英格兰银行在银行监管体系中处于核心地位，包括授予银行经营资格和对银行进行日常监管。1997 年 5 月 20 日，英国成立金融监管局（Financial Services Authority，FSA）。1998 年 6 月，新的《英格兰银行法》规定，FSA 接管全部银行监管职能。英格兰银行专注在货币政策的制定和实施上。1997 年 10 月 28 日的《财政部、英格兰银行、金融服务管理局之间的谅解备忘录》（Memorandum of Understanding between HM Treasury, the Bank of England and the FSA）发布，其中在市场准入方面的金融监管职能主要包括：规定金融机构营业、资本标准；认定金融机构相关业务的经营资格；有权对金融机构进行吊销资格或限制业务等。2000 年 6 月批准的《金融服务与市场化法》（Financial Services and Markets Bill，FSMB），对 FSA 的监管框架和监管模式产生了重要影响，其中关于银行准入流程的具体规定有：银行业务的准入应该经过授权程序，任何机构可以向英格兰银行申请授权从事银行业务，申请按照英格兰银行制定的方式提出；申请授权提交的材料包括一份声明，说明申请人拟从事的吸收存款业务的特征和规模，未来发展业务的规划，以及对业务管理做出的安排等。此外，英格兰银行在做出决定前，还可以书面通知申请人提供附加的信息或文件。经过英格兰银行做出同意决定的银行必须经过审查，确保申请人满足《1987 年银行法》附表三的各项最低标准。

英国银行业市场准入的原则规定在《1987 年银行法》的附表三中的详细规定包括：①适当与适合原则。银行的董事、审计人员以及经理人员的资格必须是合适的，即是否具有相应的能力，是否勤奋和谨慎，以便保护存款人利益。②四只眼原则。银行业务至少有两个人能够对机构进行有效管理。③谨慎行为原则。从业态度是谨慎的、净资产和其他财政资源加总后的资产数量和质量足以让英格兰银行相信与其经营性质和规模相应。能否保持资本充足率，充分的资产流动性，对资产贬值风险的态度，充分的业务会计和其他业务记录等标准也被用来衡量银行是否谨慎。④最低净资产要求。被授权银行要求拥有不少于 100 万英镑的净资产，包括资本和储备（Paid - up Capital and Reserves）。财政部在与英格兰银行咨询后，可以对数额进行调整。① 英国的银行准入制度相对较为严格，因此带

---

① 李豪明. 英美银行监管制度比较与借鉴［M］. 北京：中国金融出版社，1998.

来了银行业较高的市场集中度。经过这次金融危机之后，英国金融服务局特纳表示，与小型、保守的银行相比，大型的银行应该有更高的资本标准，以防它们采取冒险行为。

（三）德国银行业市场准入机制研究

德国是以银行为主导的金融体系代表，企业负债中银行贷款比例较高，股票市场规模较小，且流动性不高。在 1961 年《联邦银行法》通过之前，德国没有专门的金融监管机构，监管职能和货币政策的制定集中央银行于一身。1961 年的《联邦银行法》成立了银行监管局（BAKred），隶属于财政部，负责对银行业的监管。2002 年 4 月 22 日颁布的《同意金融服务监管法》中，合并了原银行监督局（BAKred）、保险监督局（BAV）、证券监督局（BAWe），合并组成联邦金融监管局（BaFin），同意负责监管德国境内所有银行、保险公司、证券公司和其他金融服务机构。2002 年修订的《联邦银行法》确立了联邦银行（Deutsche Bundesban）和金融服务监管局（BaFin）共同对银行实施监管的框架。

德国银行一向以稳健著称，在市场准入方面较为严格。在开业最低资本金要求和银行负责人资质审查上，都较其他国家更为苛刻，大型银行的准入壁垒非常高。在中小企业服务领域中，大型银行由于利差低而退出，地区性储蓄银行和合作银行长期在这一领域占据主导地位。与大型全能型银行相比，德国近些年重视中小银行的市场准入问题。对中小银行的监管与大银行相比较为宽松，德国金融监管当局根据最新巴塞尔协议修改草案，对中小银行的最低要求取消了全部银行需要在信贷业务部门和风险管理部门在行长层面严格分工的条款。指出，大银行必须设立单独的风险管理部门，贷款必须同时得到业务部门和风险控制部门的批准才可以发放。

在最近一次的金融危机中，德国银行的巨额亏损和住房抵押银行（Hypo Real Estate Holding AG）的濒临破产等事件引发公众对德国银行业监管系统的严厉批评，德国央行与金融监管机构共同承担的监管模式监管不力，IMF 计划将德国央行作为唯一的银行监管机构。

（四）日本银行业市场准入机制研究

日本的监管制度是在第二次世界大战后发展起来的，期望经济快速起飞的日本政府面对国内投资资金严重匮乏的现象提出，政府指导下的金融机构将有限的资金集中投放到有限的发展部门。同时实行行业限制，规定资本最低限额，促使小银行进行合并，提高银行资本集中度，防止金融机构过度竞争引起的破产风险，鼓励银行业的垄断。

20 世纪 80 年代，随着金融自由化的潮流，1982 年开始逐步放宽银行业务范围的限制，与证券业、信托业等允许以成立或收买子公司的方式进行业务交叉。1996 年 11 月，《日本金融制度改革——面向 2001 年东京市场的新生》改革报告公布，允许金融机构业务互相渗透，允许各金融机构通过直接扩大主营业务范围或通过控股子公司间接参与扩大业务领域等方式，放宽了金融领域的业务准入限制。

日本在第二次世界大战后大藏省负责制定金融政策，对金融机构的准入及其业务活动进行监管。在传统的监管制度中，大藏省集金融规划与金融监督于一身，权力的集中造成不正当交易和不良债权问题。1998 年 6 月 22 日，作为日本总理府外局的日本金融监督厅从大藏省中独立出来，负责金融机构的监管。2000 年，日本正式进入金融厅年，负责对金融业及金融市场进行统一监管。同时，日本银行作为中央银行，根据《日本银行法》对于金融机构和金融市场有进行监督审查的权利。

日本银行业的市场准入，表现在新机构的市场准入以及业务范围的准入受到监管当局的严格限制。包括最低资本金数额在内的多项指标进行严格审查，并且实施许可证制度。此外，由于银行业严重的垄断格局存在，大银行与企业之间的长期稳固关系形成了进入壁垒，新进入机构的市场进入成本大大增加，而这种格局也在一定程度上降低了银行体系的经营效率。

二、国外商业银行市场退出机制研究

银行业鉴于自身的业务特点，对信用的依赖，无论在什么类型的国家，任何时期，都会遇到不良资产、流动性风险等问题，一旦严重就可能需要破产倒闭。市场退出机制就是各国为了应对这种情况所建立的，力求将经济和社会成本降至最低。经过多年的市场经济发展，发达国家在市场退出机制方面发展的较为成熟。

（一）美国银行业市场退出机制研究

19 世纪 20 年代初期，美国曾发生过十几次银行业恐慌。到 20 世纪 80 年代以来，美国经历了经济衰退和金融危机的影响，银行倒闭数量在 10 年间达到 1500 家以上。在最近一次的金融危机中，以 2007 年 4 月 4 日美国第二大次债提供商新世纪金融公司申请破产保护为标志，次级抵押债权背后庞大的投资者，包括房地美、房利美两个最大的住房抵押贷款公司，美国第四大投资银行雷曼兄弟，第五大投资公司贝尔斯登，第三大投资银行美林，全球最大的保险集团AIG，一系列百年企业轰然倒下，或是濒临破产而不得不由政府和其他机构接管收购。截至2009年12月4日，美国受金融危机影响被迫关闭的银行共有130家，[1] 是自1929年的世界经济大萧条以后最严重的一次危机。典型的案例如下。

2008年7月11日，美国储蓄管理局（OTS）宣布关闭抵押贷款银行Indymac，由联邦存款保险公司（FDIC）负责接管。该行在次贷危机中亏损近9亿美元，截至2008年3月31日，不良贷款达18.5亿美元。银行遭到挤兑，11天中遭客户提走存款近13亿美元，[2] 银行面临严重的信任危机和流动性危机。储蓄管理局宣布将这家资产总额320亿美元的银行交给联邦存款保险公司管理，耗费存款保险金达70亿美元，于7月14日改为Indymac联邦银行重新营业。

2008年9月15日，美国拥有158年历史的第四大投资银行雷曼兄弟（Lehman Brothers Holdings Inc.）在次债危机中因巨额亏损造成财务状况恶化，在与美国财政部、美国银行、英国巴克莱银行相继进行收购谈判无果后，雷曼兄弟依照美国破产法第11章的规定宣布申请破产保护，负债总额达6130亿美元。[3] 成为美国历史上最大的破产案。其欧洲、中东、亚洲、澳洲的业务被野村证券收购，美洲业务由巴克莱银行收购。

2009年9月15日，美国第三大投资银行美林公司（Merrill Lynch & Co.）由于在次贷相关业务中净损失190亿美元，在美国联邦储备银行（FRB）的压力下，终以440亿美元的价格出售给美国银行（Bank of America Corp.）。[4]

2008年9月26日，有119年历史的华盛顿互助银行（Washington Mutual）是美国最大的抵押贷款银行，在次贷危机中仅当年二季度就损失30亿美元。自9月15日以来，被提取存款167亿美元，令其没有足够的流动资金偿还债务和开展业务。在被美国储蓄机构监理局（OTS）接手后，将存款业务和分支机构以19亿美元的超级低价出售给摩根大通公司（JPMorgan Chase & Co.）。曾拥有3000亿美元资产和1880亿美元存款的华盛顿互助银行成为历史上最大的银行倒闭

---

① 中国国务院. 2009年美国的人权纪录［R］. 新华网，http：//news. xinhuanet. com. 2010 - 03 - 12.

② 美联储管理局关闭抵押贷款商 IndyMac［EB/OL］. finance. sina. com. cn/stock/usstock/c/.../05415084940. shtml. 2008 - 07 - 12.

③ 雷曼兄弟倒闭调查报告震惊全球金融界［EB/OL］. news. xinhuanet. com/world/2010 - 03/15/content_ 13175095. htm. 2010 - 03 - 15.

④ 美国银行放弃收购雷曼440亿购美林公司［EB/OL］. http：//finance. qq. com/a/20080916/000683. htm.

案。① 但收购对华盛顿互助银行现有存款人和客户都不造成影响，银行照常营业。

美国的中小型银行较多，在过去的市场退出经验中，银行大多规模小，退出频繁。在这次的金融危机中，美国应对大型银行和金融集团的频繁破产倒闭，更凸显出其市场退出机制的完善，表现在以下几个方面：

1. 完善的法律体系

美国有关银行业市场退出的法律主要有《联邦储备法》《联邦破产法》等。《联邦破产法》虽然不专门针对银行，但银行破产要遵守规定的破产程序。具体规定包括：第一，赋予监管当局有处理问题金融机构的权利。第二，对违反审慎监管法规的银行采取的监管措施。第三，对银行的强制管理。当银行的资本低于法律规定的最低限额时，监管当局有权进行接管。第四，在法定事由下，监管当局可以关闭银行，吊销银行许可证和强制清盘。第五，监管当局有权自己或委托接收人处理银行的破产清算。

2. 健全的监管机构

20 世纪以后，美国银行实行双轨银行制（Dual Banking System），新设银行可以选择在联邦金融管理机构注册，也可以选择在各州的金融管理机构注册。与此相应，美国也存在两个层面的监管体系。其中，联邦层面的监管体系主要由三个监管机构组成：财政部下设的货币监理署（Office of the Comptrolle of the Currency，OCC），负责联邦银行的注册许可及监管事宜；美联储（Federal Reserve System，FRS），一方面行使美国中央银行的职能，另一方面对其成员银行及金融控股公司进行监管；联邦存款保险公司（Federal Deposit Insurance Corporation，FDIC），对参加存款保险的所有银行进行监管。除这三个机构之外，还有财政部下设的储贷监理署（Office of Tariff Supervision）监管联邦注册的存贷款机，以及国家信用联盟管理局（National Credit Union Administration）对信用联盟进行监督管理。

多维监管机构的监管功能各有侧重。1999 年颁布了《金融服务现代化法案》规定，由美联储作为综合监管的上级机构对金融控股公司进行总体监管，其他监管机构对银行进行功能性监管。在实际运行中，货币监理署主要负责对银行的日常经营活动进行监管，对于易出现问题的银行给予警告。联邦储备委员会决定对于能够挽救的银行给予挽救，对于补救无力的则进行市场退出。市场退出活动通过联邦存款保险公司按照破产程序进行处理。美国的多维监管体系在维护金融稳定、防范风险方面发挥了积极的作用。

在 2007 年的金融危机中，美国对多维监管模式进一步改革。在 2009 年 12

---

① 华盛顿互助银行倒闭成美国史上最大银行倒闭案［EB/OL］. http：//news. sohu. com/20080926/n259769814. shtml.

月众议院通过的民主党主席多德的提议中，关闭美国储蓄机构监理局（OTS），将其运营业务合并至货币监理署（OCC），同时成立一个适度精简的隐含各监管机构用于对美国银行业进行统一监管。

3. 有序的市场退出程序

美国法律严格规定了银行业的市场退出程序，当一家银行面临严重问题时，为保护大量小存款人的利益，以及减少对整个银行体系信心的影响，由银行归属的监管机构代替债权人在 90 天内对银行实施关闭，同时问题银行移交所有权，由监管机构接管。随后监管机构一般会迅速将问题银行交由联邦存款保险公司（FDIC）处置。

1991 年《联邦储蓄保险公司改革法案》出台，对联邦储蓄保险公司（FDIC）的保险范围进一步明确。联邦存款保险公司被赋予接管人的职能，全面负责对问题银行的管理。包括负责偿付银行存款、追讨银行债务、对问题银行进行评估、提供资金援助、组建过渡性银行等，发出收购要约出售问题银行（出售标准以对 FDIC 基金成本最小为原则），以及银行退出市场后的破产清算。在最近一次的金融危机中，仅 2009 年 FDIC 就动用了超过 300 亿美元的保险基金用于处置问题银行，基金总额由 2008 年底的 340 亿美元锐减至 104 亿美元。[①] 在最近一次的金融危机后，美国实施《金融监管改革法案》，将对州立特许银行的监管权力转交给美国联邦存款保险公司。美联储保持对大型银行的监管权力，而由存款保险公司对中小银行实施监管。针对问题银行资产负债的类型和规模，FDIC会采用不同的处置方法：

第一，兼并收购。收购一般首先采用收购继承机制（Purchase & Assumption，P&A），即通过招标方式寻求一家健康银行收购问题银行的全部资产负债（Whole Bank），这种方式的好处在于不需动用存款保险基金。同时对于健康银行而言，问题银行因遭受财务危机时资产贬值严重，是战略性并购抄底的时机。收购继承是实际操作中应用最普遍的方式。

由于在次贷危机中，危机发生根源是问题银行向不能满足贷款标准的人提供贷款，因而并购银行需要对相关贷款和贷款组合进行重新评估和管理。此外，房地产市场的不断恶化，使得贷款组合的抵押资产价格不确定性提高。综合以上两点，使得 FDIC 在出售大型问题银行时出现困难。为避免银行资产进入清算状态，快速贬值，给市场带来更大风险，FDIC 在 P&A 机制中启用了损失分担方式（Loss Sharing）。对于商业贷款和商业房地产贷款，FDIC 承担贷款组合中的大部

---

① 美年内破产银行数即将破百［EB/OL］. http：//www. afinance. cn/bank/wzyh/200911/242408. html. 2009 - 11 - 07.

分损失，一般为 80%，其余 20% 由收购银行承担。①

在 P&A 不成功的情况下，可以选择保险存款转移方式（Insured Deposit Transfer，IDT）。并购银行可以只收购健康的资产负债（Clean Bank），其中至少包括问题银行受 FDIC 保护的存款负债。存款保险基金会通过补偿买方，将给予担保的债务过户给买方机构，但使其在合并中不受损失。之后存款保险基金将其他债务交给财产管理人进行管理，或是利用存款保险基金吸纳坏账。

第二，关闭破产。在上述两种安排难以付诸实施的情况下，存款保险基金会申请其关闭或破产。对于关闭或破产，货币监理署一般较为谨慎，对于采取挽救措施无效的，通过法院宣告破产，并负责破产财产的清算和债务偿还。FDIC 同时实施存款支付方式，在存款保险的限度内向储户支付投保存款，1980 年美国颁布的《放松存款机构管制和货币控制法》中规定，FDIC 存款账户保险限额为 10 万美元，即存款人的储蓄、支票及其他存款账户合计的最高保险额度。② 这是针对大部分小规模银行破产中的常用手段。在实践中，监管当局做出破产决策需要满足两个条件：一是挽救成本大于银行破产后的清偿费用；二是公众对破产银行的需求不强烈，破产影响有限，因此一般不适用于大型银行和金融出现系统性风险的情况。对于"太大而可能导致破产"的金融企业，民主党主席多德提议，允许政府插手解决，利用政府临时贷款帮助初步展开其破产进程。

为处理金融机构破产后的不良债权，1989 年依据美国救济金融机构对策（FIRREA）成立了整理信托公司（RTC），联邦存款保险公司派出核心人员，主要职能是购买储贷机构的不良债券，运用证券化手段将债权流通，并有权处置问题机构，追求经营者及审计部门的责任。在次贷危机中，政府在处理不良资产中也发挥了积极的作用。美国政府 2008 年 10 月通过"问题资产解救计划"（TARP），财政部拿出近 1000 亿美元购买银行不良资产，并表示，该救助计划要优于由美国银行业自身努力摆脱问题资产，或者由联邦政府直接购买。③

（二）英国银行业市场退出机制研究

英国拥有继美国和日本之外的第三大金融产业，其拥有庞大的商业银行、世界投资和私人银行网络。受金融危机影响，英国银行业积累了巨额的风险资产，其中巴克莱银行（Barclays Bank）3572 亿英镑，汇丰银行（HSBC）1.2315 万亿

① 美国重启"损失分担"机制应对银行倒闭潮［R］．中国国际金融有限公司研究报告．2009 - 01 - 16.

② 央行提出设立存款保险机构 国务院将作出批复［EB/OL］．今视网．http：//www. jxgdw. com. 2004 - 2 - 10.

③ 德国"坏账计划呼之欲出"——今年美国银行倒闭已达 23 家［N］．中国证券报，2009 - 04 - 13.

英镑，莱斯银行（Lloyds TSB Bank）4854 亿英镑，皇家苏格兰银行（The Royal Bank of Scotland Group PLC）4917 亿英镑。①

英国最大的抵押放贷机构苏格兰哈利法克斯银行（Halifax and Bank of Scotland，HBOS），由于在次贷危机中的严重亏损，2008 年 11 月，在英国政府的直接干预下，由莱斯银行（Lloyds TSB Bank）以 122 亿英镑的价格收购合并，成立英国莱斯银行集团。英国政府为此项合并提供了 170 亿英镑的紧急救助资金，同时持有该银行集团 43% 的股份。②

随着美国次级按揭市场危机扩散，北岩银行（Northern Rock）遭到了储户的挤兑，截至 2009 年 1 月 14 日，累计提取储蓄总额达 20 亿英镑，银行股票在伦敦股市继续下跌了 1/3。③ 英格兰银行不得不向北岩银行提供紧急贷款援助以解决流动资金短缺的危机。

2009 年 1 月 19 日，英国第二大银行苏格兰皇家银行（Royal Bank of Scotland，RBS）宣布，由于自身业务存在"重大不确定性"，预计公司上个财年不计入商誉减值的亏损额可能达到 80 亿英镑，另外还可能冲减资产 200 亿英镑，累计亏损总额高达 280 亿英镑。④ 这一亏损额一举创下有史以来英国公司年度亏损的新纪录。英格兰银行（Bank of England）给 RBS 秘密贷款 366 亿英镑。

以 RBS 为标志的银行危机直接促使英国政府继 2008 年 10 月出台总额 3700 亿英镑金融救市计划后，再次出台第二轮银行救助措施。包括政府向银行提供保险，担保引爆信贷危机的银行"有毒借贷资产"。银行将与政府就其未来从某类特定债项所带来的损失总额达成协议，财政部将为这个数额以外的损失提供 90% 的担保。⑤

1. 英国银行业市场退出的法律框架和主持机构

1988 年颁布的《英格兰银行法》对英格兰银行和银行监管当局对银行实施强制性措施给予支持。同时，作为银行业市场退出的组织者，由英格兰银行行长、副行长、监管局长和六名专家组成。英格兰银行在处理问题银行时的原则是维持金融体系稳定，防止更大范围的经济损害。英格兰银行对于问题银行的挽救

① 发达国家中英国经济最糟将面临国家破产危险［EB/OL］．info. china. alibaba. com/news/detail/ v5003495 - d1004122493. html，2009 - 01 - 20.

② 英国莱斯银行集团称新并购银行出现巨亏［EB/OL］．http：//finance. qq. com/a/20090214/ 001102. htm.

③ 从 1258 到 74 便士北岩银行命悬一线［EB/OL］．finance. sina. com. cn，2008 - 01 - 03.

④ 苏格兰皇家银行亏损可能创英国历史最高纪录［EB/OL］．http：//www. eeo. com. cn/finance/bank-ing/2009/01/20/127766. shtml.

⑤ 银行危机重挫英镑 英国会破产吗？［EB/OL］．http：//finance. sina. com. cn/roll/20090123/0525 2645405. shtml.

方式主要包括寻找市场性解决方案、向有清偿能力的问题银行提供资金援助、维持相关银行或机构的稳定。

2. 主要监管机构

长期以来，英国的中央银行——英格兰银行是发达国家中少数不具备独立制定货币政策权力的中央银行之一。相应地，在银行监管方面，也由英格兰银行和财政部共同负责银行业监管。随着英格兰银行独立性的逐渐增强和金融混业趋势的抬头，英国的金融改革也随之展开。《1998 年英格兰银行法》赋予英格兰银行独立制定货币政策的能力。同年，英国政府将英格兰银行的银行监管职能分离出来，与原有的证券投资委员会等 9 个金融监管机构合并成立了独立于中央银行的综合性金融监管机构——金融服务局（Financial Services Authority，FSA），负责对所有金融机构和金融市场进行监管。2000 年 6 月，英国通过了《金融市场与服务法案》（Financial Services and Markets Act），从法律上进一步确认了上述金融监管体制的改变，明确金融监管局是唯一的对金融业进行全面监管的机构。

金融危机后，为建立全球化的金融监管体系，在 2009 年 4 月的伦敦 G20 峰会上设立了金融稳定委员会，被称为"全球央行"。英国金融稳定委员会由财政大臣 Alistair Darling 担任主席，取代旧的由财政部、英国央行与金融服务当局（FSA）组成的三方监督体系，对银行业进行统一监管。

3. 英格兰银行业市场退出方式

第一，禁止、取消授权和吊销执照。英国《银行法》中规定，如果授权银行不能满足授权标准，或该银行不能履行法定义务，而威胁到存款人利益时，英格兰银行有权采取措施，对其部分活动及业务范围予以限制、禁止、取消授权，直至吊销其执照。

第二，并购、重组。重组和并购是英国最主要的银行业市场退出方式。英国银行业的并购主要考虑并购成本与组织并购保证金融市场竞争之间的关系。并购被认为是保证金融体系稳定，有助于实现公共利益的有利选择。在莱斯银行的并购案例中，为重组资产负债表，财政部运用资产保护计划给予资金支持，并直接持股，协助两家银行进行并购。

第三，破产。英格兰银行作为申请人，认定授权银行资不抵债时，向法院申请该银行清盘，银行董事或信贷管理人员也有此权利。法院发布破产行政命令后，任命一名管理人员临时接手银行管理工作。在破产程序上，当提出破产的申请人是银行董事或债权人以外的第三人时，申请交由金融服务管理局，并要求听证。破产过程中，银行可向法院提出接管申请，同时通知英格兰银行，英格兰银行有权出席法院听证会和相关会议。

为保护存款人利益，英国于 1979 年提出了存款保险计划，正式建立存款保险制度。其宗旨在于利用一个稳定的基金来保护授权银行的英镑存款以及无偿付能力或被行政接管的授权机构。存款保险基金的主要来源是英格兰银行借款和被授信机构的保险金。英国金融监管当局金融服务局（FSA）在 2001 年根据 2000 年金融市场与服务法案（FSMA 2000）制订了一个子计划——存款补偿计划（FSCS）。计划由金融服务补偿计划有限责任公司（Financial Services Compensation Scheme Limited, FSCS）实施。FSCS 是商业性公司，同时接受金融监管局（FSA）监督，负责对 FSA 委任的存款保险和投资赔付。FSCS 的存款存入英格兰银行，由其进行必要投资，扩大保险准备金规模。FSCS 的具体运作程序为，在金融机构经法院裁定进入清算、破产程序，或由 FSA 认定无清偿能力后，启动补偿程序。在 FSA 认定赔偿可能超支时，经英国财政部同意，FSA 可以向受监管金融机构征收临时资金用以支付。此外，FSCS 还可以由 FSA 安排由英格兰银行获得 1.25 万亿英镑以下的贷款。

根据英国现行法律与制度，如果银行倒闭，存款人账户 2000 英镑内全额赔付；2000～35000 英镑，则只赔付 90%；超过 35000 英镑以外的则只能按照《公司破产法》的规定，[①] 等待金融机构破产处理财产后的分割清偿。

金融危机后，英国金融服务局于 2009 年 10 月 22 日公布了一份银行体系改革草案，规定：英国大型银行必须详细说明，危机到来时应出售哪些业务以获得紧急资金，同时必须能在破产后 60 天内完成交易账户清算。提前设立银行倒闭情况下的分拆计划，能在危机发生时快速解决问题，避免影响经济的稳定。

（三）德国银行业市场退出机制研究

德国的银行体系一向以稳定著称，银行体系主要由私人银行、公立银行和合作银行三部分构成，其中，公立银行又包括州立银行和储蓄银行，储蓄银行归属州立银行管理。储蓄银行主要负责中小客户的贷款业务，合作银行主要为中小企业提供长期贷款。二者都是国有银行，且业务中有很大一部分为非盈利业务。在本次金融危机中，与欧洲大银行纷纷面临破产危险相比，德国的金融状况相对稳定。此外，私人银行和商业银行由于投行业务在次债危机中出现严重损失。

2008 年 4 月，在联邦金融监管局的监控下，威悉河银行正式启动破产。这也是德国唯一在次贷危机后破产的银行。德累斯顿银行（Dresdner Bank）2008 年共计亏损 63 亿欧元，几乎全部来自投资银行类业务。德意志银行（Deutsche Bank）作为德国最大的商业银行，2008 年损失 57 亿欧元，其中 30 亿欧元损失大部分来自公司投资银行部（CIB），38 亿欧元损失来自银行和证券部（CB&S）。

---

① 北岩银行危机 暴露英国金融监管漏洞［N］. 当代金融家，2008 - 11 - 03.

巴伐利亚州立银行（BayernLB）2008 年净亏损 50.8 亿欧元。① 亏损引发了德国商业银行和巴伐利亚银行等大型银行的流动性风险，但绝大部分银行的业务仍然正常运行。德国政府向国际社会承诺，不让德国一家大银行倒闭。

1. 德国银行业市场退出机制的法律框架、主持机构和稳定机制

《联邦银行法》是德国银行业监管的主要法律依据。该法规定：对不同类型银行进行区别对待，国有银行不存在破产，债务由国家承担。私营银行出现严重问题时，先由联邦金融监管局关闭，有其他金融机构愿意并购的，则采用并购方式，如无金融机构愿意并购的，由联邦银行管理局提出破产申请，进入破产程序。联邦银行监管局被授权对银行业进行具体监管，德意志联邦银行作为中央银行，也对银行业实行共同监管。与其他国家比起来，德国的监管当局具有更多的权力，对国内银行实行规范化集中管理，并有一系列法规制度为其提供法律保障。《德国银行法》规定，对于银行破产只能由联邦金融监管局（联邦银行监管署）提出和决定。

2. 德国银行业市场退出机制的监管体系

德国采取货币政策执行与银行监管相分离的模式，其中央银行——德意志联邦银行主要负责国家货币政策的制定与执行，联邦金融市场监管局则统一行使对银行、保险、证券及其他金融服务公司的监管职责。但在银行业具体监管上，德意志联邦银行与联邦金融市场监管局分工协作，两者职能密不可分。联邦金融市场监管局是银行业监管的主体，负责制定联邦政府有关金融监管的规章制度，在银行的市场准入、信息披露、重大的股权交易、资本充足性、市场退出等方面实行全面监管。但由于金融市场监管局自身没有分支机构，必须借助德意志联邦银行的机构和网点才能有效实施金融监管。因此，德意志联邦银行负责对银行进行日常监管，对银行呈交的报表进行初审并转报金融市场监管局。

3. 德国银行业的市场退出手段

德国的国有大型银行拥有国家的无限信用，不适合破产程序，债务由国家偿还。市场化的退出程序只适用于私人银行和信用合作银行。退出方式和程序包括以下几种。

第一，并购。银行在出现问题时，先由联邦金融管理局进行接管，如果有其他金融机构接受，则实行合并。并购是德国银行业市场退出中最常用的手段。在接管原有银行业务和市场份额的同时，形成了一批大型全能银行。其次就是合并。早前德意志银行和德累斯顿银行的合并告吹，但是效仿者不断。2000 年，排名第三和第四的捷能银行和商业银行就结成联盟展开了大量工作。2007 年金

---

① 中华人民共和国驻德意志联邦共和国大使馆经济商务参赞处. 金融危机冲击下的德国银行体系 [EB/OL] . http：//de. mofcom. gov. cn/aarticle/ztdy/200905/20090506262811. html, 2009 - 05 - 11.

融危机以后，德国零散的银行业被认为是受损的主要原因，政府在金融危机后表示，合并将成为银行业改革的重点。加快州立公共银行的合并，促进银行业整合，财政部发言人指出："银行数量更少，规模更大，就更容易挺过危机。"① 这对于德国银行业的改革意义深远。至 2009 年初，德国各类型的银行都展开合并。德国商业银行收购德累斯顿银行的工作已完成第一阶段。巴符州银行（LBBW）收购萨克斯州银行（SachsenLB），并将目前 6 家公营州立银行巴符州立银行、巴伐利亚州银行、汉堡石荷州北方银行、北德州银行、西德意志州银行和黑森州银行重组，形成 3 家跨州的大型州立银行。

第二，政府接管。若市场化的并购方式失败，为保证银行的正常运营，防止系统性危机，可能由政府接管，允许政府对银行实施国有化。这也是这次金融危机处置方式的一个特点。2008 年 2 月 18 日，德国内阁批准的救市法案中规定，政府有权在"没有任何其他合理的法律和经济办法来维持金融市场稳定的情况下"，可以适当地将遭受金融危机的银行收归国有。② 德国地产融资抵押银行陷入次贷危机后，政府共对其提供 1020 亿欧元贷款和政府担保，并最终实施国有化。③

第三，破产。德国政府对于银行破产采取谨慎态度，要求必须由联邦银行管理局向法院提出申请，其他债权人和债务人则无权向司法机构提请破产程序。最终在以下三种情况下，由联邦银行管理局决定关闭银行：①无法支付到期存款；②管理的财产出现无法解决的风险；③许可证颁发内一年未开展业务，自动失效。股东按其股份承担有限责任，储蓄存款则由存款保险基金偿还。

德国的存款保险基金发展较早。20 世纪 30 年代，德国的信用合作社成员间就为了应付因经济危机而导致银行破产而建立了救助及担保基金。发展到 20 世纪 90 年代，三种银行类型都有各自完善的存款保险方案，分别设立商业银行存款担保基金、储蓄银行保障基金和信用合作保障方案。其中，储蓄银行由于是公立机构，即使出现倒闭，存款赔付和债务由国家和地方政府承担责任，因此公立银行比商业银行又多一道政府财政保障。按照欧盟的法律规定，这一特权在 2005 年 7 月 1 日失效，这一天之前的存款享受国家担保至 2015 年，之后储蓄银行维持原有储蓄银行保障基金。合作银行虽然没有国家担保，但当一家银行发生支付困难时，按照合作保障方案，几家合作银行会联手对其进行救助，即使破产，储户存款也会得到赔付。

---

① 金融危机催生德国银行改革 [EB/OL]. 中国青年（电子版），2008（22）.

② 刘彦武，吴兆华，王索. 中国特色社会主义文化发展道路的探索 [J]. 理论前沿，2009（19）.

③ 欧盟批准对德地产融资抵押银行救助 [EB/OL]. cs. tzsu. net/xwzx/04/200810/t20081003_1598350. htm.

1976 年，德国制定存款保险条例，规定商业银行必须在客户须知中公布其隶属的保险机构，保险范围、金额等具体明细条款。如果该银行没有加入存款保险，则必须明确说明。私人银行大多加入了存款保险基金。德国于 1998 年成立了银行赔偿公司，成为专门存款保险机构，规定所有德国银行都必须在该公司投保，以银行自有资金的 30% 作为保险基金，一旦银行发生倒闭，其储户从赔偿公司得到存款金额的 90%。最高额度为 2 万欧元。①

在不良资产的处理方面，2008 年 10 月 17 日，德国联邦议员通过了《金融市场稳定法》草案，德国政府为有需要的德国银行信贷提供担保，总额为 4000 亿欧元。同时建立 800 亿欧元的特别基金——稳定金融市场特别基金（Sonderfonds Finanzmarktstabilisierung，SoFFin），用于对流动性困难的银行进行注资，为金融业拆解提供担保，以及处理不良资产等。此外，政府还准备 200 亿欧元预防性资金，用于买入银行坏账。截至 2009 年 2 月 15 日，SoFFin 承诺担保和注资金额已达 1960 亿欧元。② 德国第二大银行，商业银行已于 2009 年初得到 SoFFin 注资，政府获得其 1/4 的股份，成为首家实施国有化的私人商业银行。担保方式具体根据草案，德国银行计划成立"坏账银行"，将问题银行账面上巨额不良资产转移至单独的坏账银行，并由政府通过 SoFFin 出资担保，提高不良资产处理效率，帮助快速恢复金融市场流动性。③

（四）日本银行业市场退出机制研究

日本自第二次世界大战以后，由于特殊的历史背景和监管规定，银行业有"不破产的神话"。频繁的银行业市场退出是从 1997 年亚洲金融危机开始，仅 1997 年日本共有 13 家银行破产④，其中全国排名第十的北海道拓殖银行于 1997 年 11 月 17 日宣告破产，成为第二次世界大战后日本首例城市银行破产案。

在最近这次的金融危机中，全球金融业动荡，加上受美国雷曼兄弟等金融机构破产的影响，日本金融业损失达 2450 亿日元（23 亿美元）。⑤ 2009 年 2 月 13 日，SFCG 银行向东京地方法院申请破产保护。法院批准公司的申请，3 月 24 日

① 德国银行缘何独善其身？[N]. 光明日报，2009 - 11 - 02.

② 金融危机冲击下的德国银行体系 [EB/OL]. 中华人民共和国驻德意志联邦和国大使馆经济商务参赞处. http: //de. mofcom. gov. cn/aarticle/ztdy/200905/20090506262811. html. 2009 - 05 - 11.

③ 德国"坏账银行"计划呼之欲出——今年美国银行倒闭已达 23 家 [N]. 中国证券报，2009 - 04 - 13.

④ 日本企业财团海外扩张得失 [EB/OL]. http: //www. 21cbh. com，2010 - 01 - 6.

⑤ 雷曼兄弟破产 日本银行和保险潜在亏损达 23 亿美元 [EB/OL]. http: //digitimes. cm. tw，2008 - 09 - 18.

东京证券交易所宣布将 SFCG 摘牌，进入市场退出程序。① 1978 年创建的 SFCG 银行主营中小企业提供贷款、票据融资、房地产按揭抵押等服务。受世界金融危机的影响，负债总额达 3380 亿日元（合 36 亿美元），已无法继续经营下去。SF-CG 银行的破产是次贷危机后日本首家银行破产，也成为日本上市公司历史上规模最大的破产案。

90 年代以后至今，经过两次金融危机的洗礼，日本多家银行破产，市场退出制度开始逐步完善。

1. 处置问题银行的法律框架

在 20 世纪 80 年代前，日本法律规定银行不允许破产，日本也没有专门的金融机构破产处理法规。1998 年金融危机以后，日本国会在法律上作了多项修正，先后通过《新日本银行法》《金融再生关联法案》和《金融早期健全化法案》，并且在金融监管体制中进行了大幅改革，确立了处理问题金融机构市场退出的基本法律框架，重点解决日本银行业的不良债权问题。法律规定：银行的不良债权等财务内容及经营状况必须公开；为确保经营的健全性，濒临破产的银行不再进行存续；对银行股东和经营者的权力和责任给予明确；保护存款人利益；银行破产处理的原则为相关费用达到最小。

2. 银行业监管模式的转换

"二战"后，作为金融监管机构的大藏省主要的金融监管手段是通过降低存款利率、提高贷款利率，严格的准入审批制度，以保证金融机构的超额利润。在创造了银行业不破产神话的同时，也导致低效率银行长期积累的风险。间接导致了 20 世纪 90 年代日元的金融危机。

20 世纪 90 年代金融危机之后，日本转换了金融监管模式。自 1998 年以来，日本对金融监管体系进行重大改革。1998 年，新的《日本银行法》赋予日本银行独立制定货币政策的权力。废除了大藏省原本的货币政策制定权和金融监管职能，成立了独立于日本银行之外的金融监管厅（2000 年更名为金融厅），授权金融厅作为日本金融行政监管的最高权力机关，接收原大藏省检查、监督和审批金融机构的全部职能，统一负责对各类金融机构实施监管。加上 1971 年根据日本《存款保险法》设立的日本存款保险公司。日本形成了以金融厅为主，中央银行、存款保险机构以及地方财政局共同组成的金融监管体系。

3. 日本处置问题银行的手段

在 20 世纪 90 年代之前，日本政府和银行监管机构对问题银行采取全力援助，以行政手段促成大型金融机构对问题机构的救助和合并。90 年代以后，日

---

① SFCG 银行成次贷危机爆发后日本首家破产银行［EB/OL］. 腾讯财经. http://finance. QQ. com，2009 - 02 - 24.

本改变了以往的行政救助，开始向市场化存款保险制度转变。日本的《存款保险法》经过多次革新，逐步依靠存款保险制度处理问题金融机构。但与美国等国家相比，其存款保险机构的职责还相对单一，主要包括以下几个方面：

第一，合并、重组。在金融机构的合并、重组等后续处置中，具体合并措施则由金融厅决定，日本的存款保险机构负责提供资金援助。存款保险机构内设金融危机管理账户，账户内资金一部分来自财政税收资金，还有部分来自投保的金融企业缴纳的保险费，另外还可以向日本银行借款，以及政府向其提供国债，必要时通过变现获得资金。1997 年，日本银行就向特别账户提供了 10 万亿日元的贷款，政府也向其支付了 7 万亿日元的国债。

第二，存款支付。在金融机构因破产等原因无法支付存款时，代替破产金融机构向存款人的偿还存款。日本的存款保护机制一开始实施的是全额保护措施。后期，为了增加存款人危机意识，对银行起到激励效果，2002 年 4 月，日本存款保险机构取消了定期存款的全额保护措施，2005 年 4 月，全面取消了普通活期和定期存款的全额保护，每个客户设定存款保险上限为 1000 万日元。对于数额超过 1000 万日元的债券，基于存款者请求，存款保险机构根据预计支付比率收购存款者手中的债券。①

第三，破产清算。一家问题金融机构进入破产清算程序后，存款保险机构负责对问题金融机构进行回收，包括吸收问题机构的优先股和附属债等，在低于存款支付成本的原则下再进行资金援助。若回收额超过收购所需费用，即所得资产超过支付给存款者的金额时，存款保险机构对存款者追加支付。对于不良资产的处置，日本监管当局成立了专门机构对特定银行破产予以辅助。例如，成立东京共同银行用来处理东京协和信用社和东京安全信用社问题，后改组为整理回收银行，用来处理各类信用社的经营困难问题，1999 年，与住宅金融债券管理机构合并为整理回收机构（RCC），特别账户的支出是向吸收合并的机构提供特别的资金援助，向整理回收银行提供贷款，帮助其吸收一般金融机构的优先股和附属债。类似于美国的 RTC，RCC 负责处理问题金融机构，购买不良债权，采取证券化的手段促使债权流动。1998 年 6 月 30 日，日本政府组建了"国家管理银行"作为过渡银行，对于不能马上归入国有银行的破产银行，由国家管理银行寻找合并、出售对象以协助破产和重组。破产银行在过度银行的管理下可延续经营 2 年，如果 2 年内仍然没有找到合并者或购买者，则将存贷款债权移交国有银行，最终对被移交银行进行除名。

此外，日本中央银行作为最后贷款人，拥有向问题金融机构发放贷款的职

---

① 黄韬. 日本存款保险法律制度的实践及其评价 [J]. 日本学刊, 2009（6）：18 – 21.

责。日本中央银行提供资金需要满足三个条件：①日本中央银行不对濒临破产的金融机构发放贷款。②存款保险机构向中央银行贷款需以国债抵押，基本不进行信用贷款。③被贷款的金融机构是影响金融系统运行的大型金融机构，不对整个系统造成威胁的问题机构则不考虑贷款。

三、国外商业银行市场准入—退出机制的经验借鉴

（一）市场准入机制经验借鉴

1. 银行业准入壁垒普遍存在，在经济发展的不同阶段表现形式不同

考察以上国家银行业准入监管体系可以发现，各国普遍、长期地存在市场准入壁垒，其壁垒强度和准入机制安排主要取决于一国银行业市场发展阶段以及当时的经济发展情况。在经济发展起飞阶段和快速发展阶段，银行业的准入机制表现为鼓励新进银行和银行分支机构的设立，以及新业务的扩展；在银行遭遇危机，经济发展下滑阶段，则表现为准入壁垒的提高、业务范围的限制加强等。

科学的银行准入机制，应该是与该国当时的经济发展阶段相适应的。过严的准入壁垒会造成银行业集中度高，如德国和英国大银行占主导地位的情况。容易造成银行市场内竞争机制不强、银行风险意识薄弱，是造成次贷危机中大型银行的巨额亏损的原因之一；反之，骤然降低准入壁垒，开放银行业市场会造成监管制度的落后，无法对市场进入者的资质、信用情况开展详细的考察，也无法对新兴业务的经营进行监督，使银行过多地介入高风险贷款领域，而监管机构缺乏能力做出快速反应，美国20世纪80年代的银行业危机就是典型案例。因此，银行监管部门要综合考虑国家经济发展情况，甚至是地区发展情况：新进银行所在地区的人口密度，业务需求，以及现有银行业经营集中度等。市场的准入机制应根据不同地区、不同时期的不同需要具体制定。

2. 银行业市场准入壁垒强度的调整方式应是金融需求与金融监管部门的自然博弈过程

银行业准入机制的调整应该是由金融需求推进，自下而上自然发展的结果，而不是监管部门从上到下的下达指令。改革的需求应最先反映在银行结构的基本层面上，随后促使银行监管部门制定和实施政策改革。适当的准入机制来自银行与银行监管部门的自然博弈过程。银行为提高经营效率，规避管制，有动力不断进行业务创新和产品创新，或是通过呼吁方式影响监管部门决策。银行监管机构

不得不努力跟进，并不断修改他们的准入监管条例。

从监管部门的角度，监管标准应是现阶段银行发展是否是适当的，具体标准有：第一，银行的董事及经理人员是否适合。除了考察他们过去有没有商业欺诈等犯罪行为和玩忽职守而导致公司倒闭的不良记录之外，对于人员的个人能力是否符合资格还带有一些主观因素，包含对其品质的判断；第二，银行监管活动是灵活的。银行经营活动是动态的，银行监管当局需要定期、反复考察银行业的授权标准，并且随时抽查，这也是监管中最重要的监管内容。一旦发现被监管银行指标低于最低标准，则考虑警告、停业、取消牌照授权。

3. 准入壁垒的降低伴随退出机制的强化，准入壁垒的升高伴随银行退出的减少

美国是崇尚自由竞争的国家，其银行业准入壁垒一度很低，只要符合一定最低资本限额的申请人都可以成立银行，银行数量众多也造成了银行市场退出活动的频繁，特别是中小银行的破产直接形成了美国成熟的市场退出机制。而德国是对银行业以严谨著称的代表，严格的市场准入造就了一批大型银行，银行业市场集中度高，对经济影响程度大，因而很少破产和市场退出。银行准入监管的最终目的是通过对当地经济总量、结构、信贷需求、银行业竞争状况等因素的综合分析，找到合适的银行机构饱和度。一个地区在一定时期内可容纳的银行数量是有限的，如果银行的退出机制不健全，大量同质化的银行就形成了不必要的重复建设，不仅造成金融资源的浪费，而且容易引发银行间的恶性竞争，集聚金融风险。

动态的看准入壁垒的变化，银行业准入壁垒降低，银行业市场逐步开放的阶段，就需要市场退出机制的不断强化。欧洲的意大利、法国、西班牙等国，在进行银行业民营化改革，放开银行业市场过程中，市场退出机制也开始健全。当然，也有很多发达国家和地区不急于开放民营银行，因为这需要制度和环境条件的成熟。民营银行有很强的利益驱动机制，但同时为了防止短期行为动机以及银行与企业间的不当借贷，需要完善的监管体系和风险防范机制，在此之前，国家需要保持较高的准入壁垒以维护金融市场的安全。目前，我国正逐步消除国有银行的垄断地位，取消国家对国有银行的隐形无限担保，给予民营银行以平等竞争的地位，对于鼓励银行业公平竞争，促进市场经济良性发展有着重要意义。从长期看来，放松对民营银行的限制，增加市场竞争程度，提高金融资源配置效率是银行业生存发展的最终目的。

（二）市场退出机制经验借鉴

1. 完善的法律体系

完善的市场退出法律体系，可以保证银行业市场退出时有法可依。清晰的权

责赋予，可以防止政策实施中的混乱和延缓，降低市场退出成本。例如，美国的《联邦储备法》《联邦存款保险公司改善法》《金融机构重建改革执行法》等，英国的《1987年银行法》《金融市场与服务法案》等，德国的《德国银行法》《信贷法》《住宅储蓄法》以及各州颁布的《储蓄银行法》等，日本的《日本银行法》《存款保险法》《长期信用银行法》《关于金融机构合并和转换法》《金融机构再生紧急措施法》等。通过这些法律，在问题银行挽救、接管、合并、破产等方面分别进行规定，明确相关程序以及所涉及各方的权利和义务，规定了银行退出中资产处置方式和债权债务的分配。

2. 专门的组织机构

各国在法律框架下授权专门的组织机构实施银行业的监管，具体可以分为两种模式：中央银行与银行监管部门共同监管银行业，如美国和德国；专门的银行监管机构单独行使对银行业的监管职能，如英国和日本。我国属于后者，中国银行业监督管理委员会作为专门的银行业监管机构，依法对全国银行业金融机构及其业务活动进行监督管理。

对于专门市场退出组织机构的明确授权，使得银行在市场退出过程中权责分明，不至于使工作混淆重叠，提高了市场退出效率。在有多个主持机构的时候，以银行监管机构为主导，以存款保险机构为实际操作机构。在银行寻求合并伙伴时，以银行监管当局接管并寻求合作；当银行确定关闭破产时，由存款保险机构进行接管银行的债权债务，按法定最高保险金额对存款人进行赔付，出售倒闭银行的资产，并进行财产分配，金融监管当局，包括中央银行不承担银行退出造成的损失。

3. 多元化手段与退出方式

各国对问题金融机构采取的手段主要有三类：①救助，包括政府救助、同业救助和金融监管当局救助；②重组，包括债务、资产和机构的重组；③关闭、破产等市场退出手段。

与破产、关闭相比，各国更倾向于银行间的合并。政府介入市场退出过程中，往往倾向于挽救问题银行，而最终结果是由政府承担损失。市场化的市场退出，包括主动性退出在内，使得收购银行在成本最小的情况下扩展了市场份额，使全社会的震动和损失也降至最低。因此，这也是西方国家采用最多的手段。

4. 市场化的存款保险制度

存款保险制度是指在金融体系中设立保险机构，强制或自愿地吸收其他金融机构缴存的保险费，建立存款准备金，一旦投保人遭受风险事故，由保险机构向投保人提供财务救援或由保险机构直接向存款人支付部分或全部存款的制度。存款保险制度建立于1929～1933年大萧条发生后，鉴于金融危机的发生以信用危机为导火线，而银行业恰恰作为信用和货币的中介，无论这家银行的运作是否存在问题，都会在危机时汇集风险并发生挤兑现象。同时，一家银行的倒闭又会产生蔓延，加速其他银行状况的恶化，直至酿成经济危机。为了在危机时刻恢复公众对银行业的信心，在金融波动时避免挤兑现象和抑制恐慌，1934年1月1日，美国联邦存款保险公司（FDIC）正式开始运营。目前，世界上已有80个国家和地区建立了存款保险制度。

目前的存款保险制度发展根据不同国家的经济发展阶段，带有各自的国家特色，主要可以分为两种模式：一是多种职能的存款保险制度。这种模式的存款保险制度职责较为广泛，以美国存款保险公司（FDIC）为代表，负责监督管理银行，破产银行处置、清算工作的设计和实施，寻找破产银行资产、负债转移的合作金融机构，保护银行存款等。二是单一职责的存款保险制度。这种模式的存款保险制度职责单一，以日本存款保险公司（JDIC）为代表，仅在被保险机构面临倒闭时，在相关机构的指导下，对问题机构提供财务援助，或向存款人进行赔付。既不参与银行监管，也没有对破产银行的资产处置权，因此也被称为"出款箱"型存款保险。

是否拥有资产处置权是两种存款保险模式的重要区别。FDIC拥有专门的清算部门处置问题机构的资产，保证了专业、高效的清算流程，给银行系统带来很大的稳定性。JDIC的单一职责导致其作用有限，同时，问题机构资产处置的低效直接导致保险金的损失扩大，不良资产没有得到及时处置也加重了银行运营的不稳定。鉴于此，1999年，IMF发布了《关于常态下存款保险具体制度的最佳实践准则报告》，其中指出："监管当局须确保能迅速处置倒闭金融机构，以保证金融秩序的快速恢复。因此，由存款保险机构内设专门的资产处置组织，充当问题金融机构的清算人，才能保证金融机构资产处置的迅速和高效。"①

作为应对金融危机过程中形成的产物，存款保险制度对我国民营银行的意义主要在于：在一定的经济条件下，保护存款人的利益，维护公众对银行的信心，同时强化对银行的监管。一方面，对于市场准入机制而言，与国有银行相比，存款保险制度没有国家信用这一劣势。对存款人选择存款银行时进行风险控制，使得民营银行吸收存款和开展业务成为可能；另一方面，对于市场退出机制而言，存款保险制度将政府从组织清算中解脱出来，由专门的存款保险机构可以明确地作为银行市场退出的清算人和组织者的角色，化解银行非主动性市场退出时带给金融系统的风险。央行是宏观经济目标的制定者和执行者，而不能作为商业银行损失的最终承担者，这样会影响央行职能的良好发挥。因此，市场化的存款保险

---

① Garcia, Gillian G. H. Deposit Insurance: A Survey of Actual and Best Practices [J]. IMF Working Paper, 1999 (4): 129 - 132.

制度成为市场退出机制实施的重要稳定机制，让存款保险机构执行最终的破产清算债权债务是成熟的银行业退出机制的重要特点之一。

5. 正确的市场退出的最终目标

在组织银行业市场退出时，总体目标的制定至关重要，关系到市场退出的方式选择和最终结果。对问题银行的处置不仅是简单的解决已有坏账和不良资产。西方市场经济发达的国家通过存款保险担保和一些优惠措施吸引经营较好的金融机构投标，对退出银行进行合并、重组，取缔经营不善的被合并银行的同时，增强了合并银行的经营实力，拓展了市场份额，进而达到提高银行业经营效率的总体目标。

我国在处置问题机构时也应提高处理方式的灵活性和科学性，对问题银行根据实际存在的问题和经济发展阶段区分系统性风险和非系统性风险，甄别适合挽救和不适合挽救的银行。借鉴国际上比较成功的经验，主要依据包括：一是成本最小化原则。若救助该金融机构的费用一般应小于等于金融机构的破产成本，若挽救成本大于该金融机构破产后的清偿费用，则应让其倒闭。二是确保对金融体系的信心原则。如果中小民营银行的倒闭对公众信心的影响，对地区经济发展的影响，以及对整个金融系统的影响不大，则可正常市场退出。此外，如果银行的资本充足率长期难以达到规定标准以上，监管当局可以进行强制合并或收购。

第七章 我国民营银行市场
准入—退出机制设计

一、民营银行市场准入—退出机制的指导原则

（一）民营银行市场准入—退出机制的目标

民营银行市场准入—退出机制的最终目标是兼顾银行业发展的效率与安全。效率与安全是银行业永恒的主题。引入民营银行的目的是优化我国银行业市场结构，为中小企业的发展提供金融支撑。怎样在引入竞争、优化结构的同时控制好金融风险，二者既有联系而又矛盾。

市场准入—退出壁垒过高，会使得高效率的市场潜在进入者无法进入，无效率的金融企业留在市场中继续亏损而又无法退出，会降低整个银行业的经营效率，累积金融风险。准入—退出壁垒过低又会产生大量的市场进入者，无法控制经营者资质，容易导致恶性竞争，产生更大的金融风险。

因此，建立适当的民营银行市场准入—退出机制，要根据特定地区、特定时期的具体情况进行分析调整，根据各项经济指标进行市场化运作，减少行政干预，按照市场规律找到效率与安全的平衡点。

（二）建立民营银行市场准入—退出机制的原则

民营银行市场准入—退出机制的建立及其合理水平，对银行业结构的调整和经济社会发展都具有极其重要的作用。准入—退出制度的安排直接影响市场中银行、企业、个人等各方面行为主体的交易秩序和成本，关系着金融系统的效率与安全。为此，在建立民营银行市场准入—退出机制的时候，应遵循以下原则：

第一，公开透明原则。民营银行的市场准入与退出行为，都必须在金融监管当局的直接监督控制下依法公开地进行。在既有的法律体系框架内，民营银行的审批程序与退出流程都必须具有充分的透明度，公开信息，通过有效方式向社会公众准确表达民营银行市场进入与退出的原因、方式及相关制度安排，接受社会公众监督。这样就可以有效地防止地方政府或利益集团的介入造成权和利之间的博弈，杜绝设租、寻租行为的发生，避免道德风险的发生，维护金融体系稳定。

第二，审慎性原则。民营银行的市场准入应严格遵循市场规律，遵循渐进放开，规范标准的原则，减少行政指令，避免因增添政绩因素等人为原因给银行业带来制度性风险。对于转型国家，市场化和民营化的最优次序会因为初始条件差异而有所不同。考虑经济发展阶段和监管水平因素，开放应保持循序渐进和依次推进。民营银行的市场退出要在金融监管部门的批准以及严格监控下进行，强调按照严密的法律框架执行，过程中公平公正，统一监管，维护公众对银行业的信心。

第三，市场化原则。在对待民营银行准入问题上，应严格按照经济发展现状和市场需要，由市场自然演进形成。无论是地下金融的合法化，还是城信社、农信社的民营化，抑或是新设的民营银行，都应该是自下而上市场选择的自然演进结果。符合发展规律的内生于区域经济发展程度的需要。对在民营银行的市场退出问题上，则坚持风险和成本最小化原则。民营银行市场退出的损失和风险需要利用市场手段分散转移，行政性撤销和命令托管只是对风险的推移和累计，会引发更大的金融风险，海发行的案例就充分说明了这一点。纳税人不能成为民营银行损失的最终承担者，因此，政府和监管部门要充分重视，利用存款保险制度等市场化手段分散风险。

第四，协调配合原则。鉴于银行业的准公共产品特性，市场准入与退出过程中需要政府部门的协调运作。这其中涉及的诸多当事人，包括问题民营银行本身（股东和职员）、与民营银行的相关交易者、银行监管当局、财政部门、司法部门等。银行监管当局、财政部门、司法部门三者相互协调配合与否，将决定民营市场进入与退出能否顺利完成。特别是银行监管当局，要在具体操作上会贯彻引导、平等的理念，居于一种监管者而非管理者的角度，削弱行政色彩，强调市场意志。

第五，多样化原则。监管当局特别是在民营银行市场退出机制中应采取多样化的处置方法。监管当局在具体处理问题金融机构的操作过程中，应根据实际情况，对问题不同的金融机构安排不同的市场退出方式，以做到成本最小化和收益最大化。同时在处理过程中积极引入社会中介机构，在对民营银行的资产、负债进行清理时，利用金融会计师事务所等机构，提高评估的科学性、准确性。

二、我国民营银行市场准入的现实路径选择

（一）我国民营银行市场准入的可行性分析

1. 民营银行的区位选择

斯蒂格勒（George Joseph Stigler）的不完全信息假说（Incomplete Information Hypothesis）指出：现实世界中的信息是不完全的，或者说是不对称的。[1] Banerjee 的长期互动假说（Long Term Interaction Hypothesis）认为，民营金融机构一般是地方性金融机构，专门为地方民营企业服务，通过长期的合作关系逐渐加深对企业经营状况的了解，这有助于解决民营金融机构和民营企业之间的信息不对称问题。[2]

按照上述理论，民营银行的坐落位置应尽量靠近潜在客户。与企业在同一社区内，长期与企业所有者、企业的供货商、企业客户等有各个维度上的接触，拥有超过企业财务报表、担保品和信用分数等意外的信息优势，也被称为"软信息"。[3] 这样有助于促进关系型贷款的发放，解决借款人的信息不透明问题。经验表明，关系型贷款随信息距离的增加而降低；随获得借款人信息成本的提高而缩减。[4]

此外，一个地区在一定时期内可以容纳信贷机构的数量是有限的，否则就会造成恶性竞争。民营银行准入机制的设立就是要严格设立地区控制，避免这种情况的发生。民营银行应该将民营经济相对发达，企业以及农业贷款需求旺盛的地区作为首选。同时还要结合当地现有银行情况，形成合理的银行业结构，适当促进竞争。

2. 民营银行的市场定位

在金融发达国家，家庭住户和大部分中小企业金融交易主要依赖于地方性的

---

① George J. Stigler. The Economics of Information [J]. The Journal of Political Economy, 1961, 69 (3): 213－225.

② Banerjee. The Neighbor's Kepper: The Design of a Credit Cooperative, with Theory and a Test [J]. Quarterly Journal of Economics, 2009 (2): 491－515.

③ Timo Bass, Mechthild Schrooten. Relationship Banking and SMEs: A Theoretical Analysis [J]. Small Business Economics, 2005, 27 (10): 127－137.

④ Robert Hauswald, Robert Marquez. Relationship Banking and Competition under Differentiated Asymmetric Information [J]. Center for Financial Institutions Working Paper, 2000 (2): 125－128.

金融机构。[①] 我国民营银行在市场中应充分发挥自身优势，寻找适合自身条件和符合客户需要的市场定位。民营银行的优势主要包括以下几点：

（1）民营银行具有交易成本优势。科层结构复杂的大银行由于委托—代理链条长，交易成本较高。而小型的独立地区银行则因管理层次少、结构集约，存在交易成本优势。

（2）民营银行具有"软信息"优势。"软信息"适合中国国情，也适合财务制度尚不健全的中小民营企业。民营银行对于邻近或同一地区的中小企业可以利用地缘或亲缘将信息内部化，服务对象以中小企业、私营企业和个体工商户为主的中小企业银行和社区银行。

（3）民营银行在项目履行的过程中具有监管成本优势。契约理论认为，契约总是不完备的。在正式契约以外，存在着隐形契约在权责没有明示的时候，形成一致性的理解，并自觉遵守。隐形契约的存在使得双方的约束力不只局限于合同，更外延至约定俗成的习惯规范、文化传统以及个人情感等。民营银行与客户间的隐形契约在一定程度上也起到降低交易费用和风险的作用。

中国的现实情况是大型国有商业银行主要集中在中等或大城市，且综合性银行间的竞争已经逐步增强，凭借民营银行初进入市场时的资本额是无法相提并论的。民营银行应定位于专门服务于中小客户群或是社区内企业的特定客户的专门性银行，与大型综合性银行市场进行交错式发展。大型商业银行更多地基于一般的交易规范，包括固定资产的抵押担保、全国同类贷款情况统计的计算，不适用于乡镇地区和中小企业。民营金融机构可以更多地依靠借款人品质、地区特殊情况等关系型贷款。大型国有商业银行在乡、镇和村分布的储蓄点，由于无法形成规模效应，已基本撤回。乡镇企业和个人资金需求迫切，这正是民营银行的生存空间所在。监管部门针对民营银行，可以规定贷款总规模的一定比例用于扶持中小企业发展，并纳入银行监管部门的考核指标体系中。

应该注意的是，政府鼓励民营银行转换经营机制，与属地中小民营企业建立密切合作关系，缓解中小企业融资瓶颈问题。但是，民营银行的市场定位决不仅仅局限于为中小民营企业融资上。或者说，民营银行的建立并不能从根本上解决中小企业的融资瓶颈。中小企业融资难问题是多方面因素造成的，包括中小企业发展不规范的内部制约因素，也有信用担保体系不健全的外部环境原因。民营银行只是在资产规模与业务规模上与中小企业对等，拣选出经营状况良好的优质中小企业。无法成为银行业选择的优良客户是中小企业融资困境的根本所在。因此，无论是国有银行还是民营银行，都要出于风险控制和稳健经营的考量，舍弃

① Robert N. Collender, Sherrill Shaffer. Banking Structure and Employment Growth ［J］. U of Wyoming Econ & Finance Working Paper, 2001, 4（11）：134－139.

那些不具备融资资格的中小企业，这也正是银行业自负盈亏的竞争表现。

（二）我国民营银行市场准入的路径选择

路径依赖理论（Path Dependence Theory）认为，制度变迁的原因有两种：制度的收益递增和自我强化机制。制度变迁一旦走上了某一条路径，就会在以后的发展中沿既定方向自我强化。产生路径依赖的原因有三点：第一，正式规则对经济发展的作用的连续的和累积的；第二，非正式规则，包括沉淀于历史进程中的习惯的作用更是内生的和持久的；第三，与制度相关的特殊利益集团具有保持制度变迁持续下去的推动力，并在与各种利益集团的博弈中处于主导地位。[①] 产业组织理论指出，在位厂商通过各种手段阻止新进入厂商进入市场，而给进入者带来的障碍就是行为壁垒。

我国银行业的体制内路径依赖问题导致对民营银行改革的动力不足，在现有体制内发展受到阻碍。国有银行承袭了足够的行政权力，利用这些权力及资本实力等各种因素抬高行业准入门槛，直接或间接排挤民营企业进入，这也是常说的"玻璃门"现象。

借鉴我国民营经济的发展经验，渐进式改革模式是在不触动原有经济体制的前提下进行体制外发展，原有体制不因新体制的存在而迅速衰退，避免了支撑体制内的资源流失，保持经济的平稳增长和体制的平稳转轨。我国"十一五"规划纲要中明确指出："稳步发展多种所有制金融企业，鼓励社会资金参与中小金融机构的设立、重组与改造。"据此，我国民营银行的市场准入主要有两种路径可以选择：

第一种是存量改革模式。即通过对现有地区性商业银行或信用社进行重组、兼并或收购，实行民营化而进入银行业市场。将民营银行的发展与目前亟待解决的中小商业银行改制结合起来，利用民营资本充实城市商业银行的资本充足率，改善股权结构，逐步由参股转变为民资控股的民营银行。这样做的好处是可以吸收原有金融机构的客户资源，与现有银行机构合作经营，摸索经营管理经验，这是民营银行发展初期的现实选择。

从政府决策层面考虑，引入民营资本参股银行业，能够在化解现有金融机构不良资产的同时，避免市场退出的经济成本和社会成本，以及可能引起的系统性风险。但需要注意的是，城市商业银行和农村信用社的改制是一个长期过程，并不单纯是融资能够解决的。如果不改变原有体制，国有资本亏损严重，民营资本不会愿意进入，即使进入也会面临亏损的局面。因此，存量改革的民营银行准入

---

① Douglass C. North. Institutions, Institutional Change and Economic Performance [M]. Cambridge University Press, 1990: 125 – 129.

过程，不能变成现有金融机构化解历史包袱，再融资的过程，而应该对原有金融机构进行产权改革，建立现代的企业经营机制。

第二种是增量改革模式。即通过设立全新的民营银行进入银行业市场。这种方式更多的在于其示范效应和市场激活效应，在观念上和体制转变上对现有银行业产生积极和深远的影响。此外，新设立的民营银行不存在历史遗留问题。与重新整合一家问题银行相比，民营资本更倾向于这种方式。但需要注意的是，新设立的民营银行需要经过试点、推广，以及可能出现的反复整顿、规范的过程。由于我国民营银行的新设没有可以推广的、具有普遍意义的实践经验，因此试点就是一个不断试错的过程，周期很长。目前，这一方式还没有得到相关监管部门的审批。

笔者认为，这两种方式的选择在于政府和有关监管部门从宏观角度考虑，对每种具体情况成本收益的权衡。但需要注意的是，想要引导民营资本以何种方式进入银行业，利用提高另一种方式的隐性制度壁垒的手段是不明智的。民营资本的流动需要寻找到价值洼地，而政府要做的是在两种方式之间制造这种价值洼地。政府鼓励民营资本参与到金融机构的重组或改制之中，最好的方法是降低民营资本进入的成本，并提高民营资本进入市场后的预期收益。使得民营资本参与存量改革的成本低于新设立银行的成本，预期收益较高且不用纠缠于历史包袱，促进民营资本出现主动的流向意愿，形成新的银行产权结构。实施过程中可以采取以下措施：

首先，对于当地经营状况相对较好的城市商业银行和农村信用社，先行消化和处理大部分历史负担，然后通过吸收民间资本对其进行改造，完善公司治理结构和内控机制，增强盈利和抵御风险能力。

其次，对于大部分经营不善但是有挽救价值的金融机构，仿照国有银行的改革模式，可以由中央银行和地方政府考虑剥离一部分不良资产，由政府指定机构承担和化解。利用税收优惠、无息或低息贷款等措施吸引民营资本参与金融机构改革。鼓励民间投资者对问题机构实行接管，注入资本进行重组，达到监管标准后重新开展业务，避免宣告破产可能带来的系统性风险，最大限度地保护存款人的利益。

最后，对于问题严重、挽救成本高昂的城市信用社和农村信用社，民营资本也不会进入，可以走市场退出程序破产，但要谨慎处理可能引发的金融风险。如果当地经济发展需要，更应考虑设立新的民营银行。

三、民营银行市场准入机制的框架设计

市场准入机制决定市场中行为主体的资质和行为标准。只有通过市场准入机制的严格审批程序，行为人才有资格进入市场中进行经营活动。准入机制要求从各方面规定进入者的经营资格、业务领域、人员资质、经营业务范围、经营地域等。这些标准的变化是根据市场中具体时期不断调整的，从而促使市场中的经营者调整自己的市场定位和发展方向。

（一）民营银行市场准入的时机选择

对于民营银行市场准入的开放时机取决于政府对宏观经济形式的把握和整体经济目标的实现。第一方面，在金融危机后国家大力促进经济复苏，防控金融风险，增加就业，维护社会稳定等综合目标下，政府要保证自身在资金分配方面的控制权，以保证经济政策的有效性和既定目标的完成；第二方面，为保证经济的可持续发展，我国现在亟须拉动民间投资和民间消费。运用民间资本来解决中小企业的融资瓶颈，需要民营银行作为正规、合法的中介和桥梁。第三方面，我国银行监管部门目前专注于改组后城市商业银行的发展，以及如何化解农信社的巨额不良资产。权衡农信社市场退出的高昂成本，利用民营资本充实其资本金，同时进行产权改革，建立现代企业制度，完成对农信社和城信社的改制工作是更好的选择。因此，民营银行的市场准入时机已经临近。

（二）民营银行市场准入的速度控制

我国农村信用社和城市信用社等金融机构经营不善的关键点之一就在于成立之初市场准入—退出机制尚未建立。不论是机构的设立还是退出都尚未脱离计划经济框架，缺乏市场化内生力量的推动和竞争机制约束。缺乏完善的法律法规作为指导，执行过程中随意性强。准入和退出均取决于地方行政部门的安排。金融监管部门也无法对问题机构做出强制退出的决策，市场中长期存在大量资质不高的经营者，直至风险累积，严重到只能进行全面清理整顿的地步。

为使银行业向民间资本开放的过程是渐进、有序的，对民营银行的市场准入，特别是民间资本新设银行应持审慎态度。控制放开速度，使风险逐渐地、小范围地暴露，为银行监管部门发现问题，提高监管水平，控制金融风险赢得时间。

俄罗斯在 1991 年放开金融业，采取的就是与"渐进式"相反的"休克式"疗法，在市场准入机制缺失的情况下全面放开金融，造成金融投机盛行，金融体制遭到严重破坏。中国台湾在 1989 年开放民营银行。由于没有建立准入法规，只是设定 10 亿新台币的资本金最低限额，1998 年，不算分支机构的银行数量就达到 1990 年的两倍，营业机构数量由不到 1000 家增加到 2700 多家。① 造成金融过度（Over‐banking），银行为招揽客户，不惜降低授信标准，致使多家银行发生财务危机，引发了中小商业银行的挤兑风潮。

麦金农（Ronald I. McKinon）的市场化的最优次序理论告诉我们，市场化会因实行改革国家的初始条件不同而有所不同。② 金融市场开放必须考虑转型国家的发展阶段，以及金融监管当局的监管能力。过度开放对金融体系和实体经济会造成难以挽回的损失。民营银行的产生和发展是必然潮流，但同时金融改革是一个长期渐进的过程，我国目前并不具备大规模开放民营银行的条件。控制民营银行的准入速度可以从两个层面考虑。

一个层面是对民营银行的开放保持谨慎的开放次序。从制度构建，法律框架的搭建开始，建立健全金融监管机制，再逐步实行民营化改革，最后再适度开放市场准入，期望在一个完善的环境中最终引入民营银行。

另一层面可以适当少数引入民营银行进行试点。新设民营银行会寻找监管机构的监管薄弱环节给予直接冲击，也促进监管机制的快速健全和完善。制度和法律是在事物产生和发展中自然形成的，是在不断发现和弥补漏洞的博弈过程中完善的。鉴于城市信用社和农村信用社在一时间开放过量的教训，试点的准入壁垒也不应过低，数量上也需要控制，旨在发现问题和完善法律法规和提高监管水平，等待试点成熟后再选择有利时机进行推广。

（三）颁发多级特许权牌照制度

特许权价值（Franchise Value）是指银行拥有金融特许营业牌照的价格。按照国际惯例，银行业是特许权经营行业，银行开展经营活动必须获得政府颁发的银行业经营许可证。银行的特许权价值是构成市场进入者的行业壁垒，市场中的银行则利用特许权在不完全竞争市场中获得租金。银行特许权价值的作用在于可以在某种程度上约束银行的经营风险和道德风险，较高的特许权价值将增加银行由于破产而失去特许经营的成本，"银行会因为担心失去特许权而减少行为的风

---

① 董红蕾. 民营银行市场准入的路径选择——台湾的经验与启示 [J]. 经济论丛，2003（3）：28 – 33.

② Ronald I. McKinnon. The Order of Economic Liberalization：Financial Control in the Transition to a Market Economy [M]. The Johns Hopkins University Press，1993：132 – 137.

险性"。① 冒险行为和投机冲动会在未来收益和特许权价值的丧失之间进行权衡，特许权价值越高，越能提高银行经营的谨慎性，"特许权价值与信贷风险负相关"。② 民营银行处于发展初期，为维持经济的平稳发展，我国目前还有一些有利于国有股份制银行的垄断性措施，例如，利率管制、市场准入限制等。这就是市场中现有国有银行的"特许权价值"。

国外成熟的市场监管理念和制度中，对民营银行市场准入的特许权实行多级持牌制度。例如，中国香港对银行实行分级管理制度，根据民营银行的资本实力、管理水平、遵纪守法情况发给不同的牌照，规定不同的经营范围。在我国民营银行的发展中，可以借鉴国外先进的监管制度，对民营银行的市场准入特许权颁发多级持牌制度。

根据《中华人民共和国商业银行法》规定：商业银行可以全部经营或部分经营以下业务：吸收公众存款；发放短期、中期和长期贷款；办理国内外结算；办理票据承兑与贴现；发行金融债券；代理发行、代理兑付、承销政府债券；买卖政府债券、金融债券；从事同业拆解；买卖、代理买卖外汇；从事银行卡业务；提供信用证明服务及担保；代理收付款项及代理保险业务；提供保管箱服务；经中国人民银行批准，可以经营结汇、售汇业务以及经国务院银行业监督管理机构批准的其他业务。③

根据民营银行的资信情况、资金实力和经营状况等确定不同等级的牌照，应具体实行三级发牌制度：

第一级别比照全国性商业银行，允许在全国范围设立分支机构；允许全面办理中央银行和《商业银行法》中规定的各项银行业务。

第二级别比照城市商业银行，不设分支机构，不跨区发展，允许吸收公众存款用于中小企业融资，满足当地经济发展和居民需要。允许发放短期、中期和长期贷款，允许办理国内结算、票据承兑与贴现；允许从事同业拆借、银行卡业务；允许代理发行、代理兑付、承销政府债券，代理收付款项及代理保险业务等。

第三级别比照村镇银行相关规定，不设分支机构，允许吸收公众存款用于本地区经济建设和农业发展；允许发放短期、中期和长期贷款，办理发放贷款应坚持小额、分散的原则，防止贷款过度集中，对同一贷款人的贷款额不得超过资本净额的5%，对单一集团企业客户的授信余额不得超过资本净额的10%；允许办

① Alan J. Marcus. Deregulation and Bank Financial Policy [J]. Journal of Banking and Finance, 1984 (8): 557 – 565.

② Vicente Salas, Jesús Saurina. Deregulation, market power and risk behavior in Spanish banks [J]. European Economic Review, 2003, 47 (1): 1061 – 1075.

③ 资料来源于《中华人民共和国商业银行法》第一章总则第三条。

理国内结算业务。

三级牌照是定期调整的。根据民营银行的资金实力、资信情况和经营状况确定牌照等级，规定不同的经营范围。低等级牌照机构可以视其经营情况向上逐级申报高等级牌照，经营状态不良的机构降低牌照等级，限制经营业务范围，严重问题机构要吊销经营牌照。

（四）民营银行市场准入主体要求

1. 最低资本金

根据民营银行类型和开展业务范围，我国有不同的最低资本金要求。全国性商业银行最低注册资本限额为 10 亿元人民币；城市商业银行最低注册资本限额为 1 亿元人民币；农村商业银行最低资本限额为 5000 万人民币。目前申请试点的五家银行，注册资本分别为 2 亿元和 5 亿元人民币不等，可见试点银行的类型主要按照城市商业银行级别要求。按照《村镇银行管理暂行规定》，根据其设立地区的不同，在县（市）设立的村镇银行，其注册资本不得低于 300 万元人民币；在乡（镇）设立的村镇银行，其注册资本不得低于 100 万元人民币。注册资本为实收货币资本，且由发起人或出资人一次性缴足。

2. 现代法人治理结构

民营银行应根据我国《公司法》建立健全现代企业制度，实现"产权明晰、权责明确、政企分开、管理科学"的公司治理结构。建立股东大会和董事会，公开选聘管理人员，并赋予经理人经营权利，实施股份期权计划等有效的激励机制。建立独立董事制度，每家银行有 5 名独立董事，每个独立董事有 8% 的决策权，独立董事需是专业资深人士，可以对外招聘。经理人员由股东大会通过选举制度产生，而不是通过委派，保证公平、公正、公开，避免个人操纵银行的行为。

3. 防范内部人控制风险

民间资本占民营银行股份比重过大，会由于股权过于集中，造成少数人控制银行的情况，产生内部人控制风险，因此，国家对民营资本参股银行业的比例都有严格限制。《股份制商业银行公司治理指引》和《商业银行内部控制引导》中明确表示：欢迎民间资本和外资入股中小商业银行，还允许在没有设立城市商业银行的地（市），根据情况由各类企业和居民个人投资者组建新商业银行。但是允许的城市商业银行对民营机构投资者和对外资引资的比例不超过 15%。

只管制单个股东的参股比例不能完全防范内部人控制，因为几家股东可以结成联盟，共同参股商业银行，并在银行的经营活动中以"一致行动"形成事实上对民营银行的控制。因此，民营银行应由多个股量近似的股东组成，如 10 个以上。最大股东不超过一定限制，如在 8% 以下，前 10 位最大股东占股比例不得超过50%，防止股东共谋形成内部人共同控制。

4. 控制关联贷款风险

民营银行制度创新中的难点在于防止关联贷款问题。关联交易与关联贷款行为的失控就会使民营银行沦为特定企业的圈钱工具和提款机。将银行的命运与关联交易企业捆绑在一起，一旦关联企业出现问题，贷款无法偿还，民营银行就会面临巨大风险。

2004年，中国银监会出台了《商业银行与内部人和股东关联交易管理办法》。就关联交易的认定、审核和禁止关联交易类型做出了明确规定：单个股东在银行的授信余额不得超过其持有股份总额的50%且不得超过该行资本净额的10%；单个股东所在集团客户在该行的授信余额总计不得超过该行资本净额的15%，全部股东在该行的授信余额不得超过该行资本净额的50%。此外，银监会还特别规定：今后凡是新参股城市商业银行的企业应该书面承诺不从银行谋求股东权益以外的任何利益，各银行应制定严格的关联交易控制制度和办法。

控制关联交易就要防范股东的道德风险。一般来说，在市场经济中道德风险的存在具有客观的普遍性。道德风险大小与资本性质没有必然的直接联系。道德风险的产生主要在于信息的不对称和制度约束的弱化，而不是资本性质，因此关联交易问题不只存在于银行业，更不只存在于民营资本中。追溯我国银行业发展历程，国有商业银行对国有企业发放贷款，形成大量不良贷款的过程，就属于关联贷款行为，最终导致国有银行资不抵债，损失由国家财政负担，国有商业银行关联贷款的成本被转嫁给纳税人。

对民营银行而言，由于其资本构成的特殊性，以及监管当局较难掌握民营企业开办银行的真实动机，因此在态度上格外审慎。也正是如此，才需要民营银行的准入机制对关联贷款形成一种制衡力量，内容包括：股东的亲属和关系企业信息必须向董事会和经理层进行披露，明确规定银行向股东和其关系企业的贷款总额不得超过其出资总额，并低于银行贷款总额的一定比例。通过严格的内控机制和完善的外部监管来解决这个问题。

在实践中，为防止关联交易的发生，现有民营银行在公司章程中都对关联交易问题给予明确规定，并且比国家规定更加严格。例如，浙商银行在公司章程中对股东权益作了严格限制：单个股东在该行的授信余额不得超过其持有股份总额的50%且不得超过该行资本净额的8%；单个股东所在集团客户在该行的授信余额总计不得超过该行资本净额的12%；全部股东在该行的授信余额不得超过该行资本净额的40%。①

---

① 浙商银行试营业首家民营商业银行破茧而出［N］. 上海证券报，2005 – 08 – 17.

四、民营银行市场退出机制设计

（一）明确民营银行市场退出的主持机构

按照国际惯例和我国的法律规定，民营银行的市场退出应由银行业监管机构——中国银行业监督管理委员会担任。银监会拥有对民营银行从设立到终止的整个过程进行监管的权力。银监会对民营银行退出过程中的监管内容主要包括：首先，对问题银行实施救助措施，包括直接贷款、设立专项机构和基金实施间接援助，寻找其他银行机构进行救援，以及为兼并等行为提供担保；其次，对于退出银行申请的审查，对其资产质量、债权债务情况和财务状况的稽核、对债权、债务转让行为的论证；最后，明确问题银行和出资救助机构在救助过程中的资金分配、并购过程中与相关并购金融机构之间的责任和损失的承担以及问题银行市场退出后金融风险的妥善处理。

（二）完善最后贷款人制度

最后贷款人制度是一国最高货币管理局向暂时出现流动性危机提供紧急援助的制度性安排。最后贷款人制度旨在稳定存款人信心，帮助商业银行化解流动性风险，同时避免引致金融系统性风险。最后贷款人作为中国人民银行对问题银行的重要救助手段，多次对陷入流动性危机的银行进行再贷款。

最后贷款人制度对于我国民营银行具有非常重要的作用，一是为民营银行提供流动性支持。无流动性但有清偿能力的民营银行会由于银行间拆借困难而发展为无清偿能力的银行。但在恶化的经济环境下，判断民营银行是无流动性还是无清偿能力很难做到，而且中央银行的犹豫动作也会直接导致本来有清偿能力的银行失去清偿能力。因此，可接受抵押品被用作区别是否具有资本清偿能力的标准之一，此外还需要结合银行监管部门对问题银行的客观评价，包括损失程度，传染性强弱，共同制定最后的贷款方案。二是为民营银行提供清偿能力。对于没有清偿能力的民营银行，为保持金融系统稳定，也可以进行直接注资。詹姆士（James C.）的研究表明：一家银行的清盘价值要远低于其市场价值，银行倒闭成本通常高于重组成本，因而向银行注资要比将其清盘好。① 中央银行决定向民

---

① James C. The Losses Realized in Bank Failure [J]. Journal of Finance，1991（11）：56 – 59.

营银行注资与否，需要权衡救助成本，以确定其小于银行产生的系统性危害带来的损失。三是为民营银行提供信用保证。对问题银行实行紧急再贷款时，重要目标之一是恢复公众的信心，塑造民营银行的可信任形象，避免市场恐慌。中央银行需要考虑民营银行牵扯到的银行和客户数量，以及对于金融体系的特殊地位和连锁影响。对于单个民营银行，如果中央银行确认其风险为孤立易控的，则可以不对其实行再贷款。

最后贷款人制度的其他具体做法还包括中央银行对贷款的民营银行可以实施惩罚性利率。惩罚性利率贷款被普遍认为是中央银行对危机银行进行提供保护而发放流动性的公平价格。[①] 同时，高于未发生危机的利率水平，将约束问题银行的流动性配给，降低民营银行的道德风险。给予贷款的同时要求借款企业提供财务数据，限制其相关业务的开展，以及对其业务经营进行监管。

（三）建立存款保险制度

存款保护是针对存款安全的一种保障机制。为了维护存款人的利益，维护金融体系的安全和稳定，在金融体系中设立保险机构，规定各金融机构按吸收存款的一定比例交纳保险金，建立专门的存款保险储备，当投保的金融机构不能履行偿还到期债务、出现支付危机或破产清算时，由存款保险机构代为偿还公众存款的一种制度。

截至 2018 年底，我国拥有大型商业银行 5 家，股份制商业银行 12 家，城市商业银行 134 家，农村商业银行 1262 家，农村合作银行 33 家，农村信用社 965 家。[②] 加上新设立的民营银行 17 家，我国多元化的银行业机构将会带来更加激烈、有效的竞争。优胜劣汰的市场机制可能会使一些经营不善的银行退出市场，市场化退出机制的建立使存款保险制度成为必要。

建立存款保险制度，我国要从立法开始，以法律形式规定存款保险的组织形式、法律地位、法定职能；参加存款保险制度的金融机构范围，是否具有强制性；存款保险金的来源，存款保险费率的确定，调整及其依据，收缴和支付方式，存款保险金的理赔范围，理赔条件及方式，以及存款保险机构在最终清算时与金融机构的权利划分，资产分配等细则。同时还要考虑如何监管存款保险机构，制定防范其道德风险发生的法律法规。

存款保险的国际惯例是以银行所在区域为标准，因此我国存款保险对象应包括我国领土内的全部存款机构。依据我国金融机构的存款结构，截至 2009 年底，

---

① Bagehot W. Lombard Street: A Description of the Money Market ［M］. London: H. S. King, 1873.

② 中国银行业监督管理委员会 2018 年报 ［EB/OL］. 中国银行业监督管理委员会网站 . http: // www. cbrc. gov. cn.

我国存款总额为612006亿元，其中企事业单位存款总额224357亿元，储蓄存款264761亿元，分别占到存款总额的37%和43%。① 企业存款和居民储蓄是存款保险制度的主要投保范围，在保险制度的发展完善中，保险范围还可以适当扩大。

存款保险的投保形式可以有以下三种：第一种是强制保险，金融机构依法必须向存款保险机构投保；第二种是自愿投保方式；第三种是强制与资源相结合的方式。鉴于我国处于保险制度发展初期，投保意识尚未建立，银行处于短期成本考虑，会不愿投保。国有商业银行和股份制商业银行存款比例高，是否加入存款保险制度决定着这项制度能否顺利实施。中小银行和金融机构没有国有银行的国家信用保证，自有资本少，抗风险能力弱，需要存款保险制度对存款人的保护。因此，我国应通过立法采取强制性存款保险的方式。

存款保险费率的确定方式可以引入商业保险行业的规则，按照银行的风险等级设置不同的保险费率，风险等级的标准可以银行业自有资金水平或是不良资产率、拨备准备金率等相关财务指标体系综合考虑，在运作过程中确定每一风险等级的费率资费标准。这样一来，不仅区分开银行之间的风险等级，保证存款保险金的收缴和运用的公平，也同时鼓励银行业稳健经营，优化财务结构，提高自身存款安全性。

存款保险的赔偿限额应采用全额赔偿和部分赔偿相结合的方式。我国居民高储蓄率很高，银行存款结构有很大一部分来自居民，为保护小额存款户的利益，应采取一定限额之内全额赔偿，例如，20万元之内给予100%理赔；20万元以上采用逐级递减的方式部分赔偿。促进企业和大额存款人审慎选择银行，并对银行形成公众监督机制，有利于银行的稳健经营。

实践中，我国存款保险机构的职能分散在各个组织和部门。在问题银行的监管方面主要有银监会和中国人民银行，对于存款人的存款保护由中央和地方政府财政负担，资产处置组织则在国有四大银行剥离不良资产时期组建了信达、华融、东方、长城四家金融资产管理公司。将这几种职能整合于一身，在问题银行的管理和处置工作中进行市场化的统筹安排和实施，就是建立存款保险机构的最终目标。

（四）健全破产清算制度

破产清算是银行市场退出的最终环节，通过严格的清算过程避免银行逃废债务行为，利用有效的资产拍卖或转售提高债务清偿率。破产清算制度最重要的内

---

① 资料来源于中国人民银行网站，http://www.pbc.gov.cn。

容是对不良债权和资产的管理和处置。问题银行不良债权清收和资产处置工作较好的选择是成立专业的管理机构，熟悉市场化的资产处置手段，能够最大限度地回收资产。

处置不良资产的普遍做法可以分为以下两种方式：

第一种是在个别银行出现问题后，由问题银行和存款保险公司共同制定不良债权清收和资产处置计划。存款保险公司被作为负责处置问题银行的常设机构，负责处置倒闭银行的不良资产。此外，许多国家还成立了专门的资产管理公司，其主要职能就是接收和管理问题金融机构的不良资产，例如，美国建立专门的重组信托公司（RTC）集中处理了住房抵押贷款中的巨额不良资产。日本在 20 世纪 90 年代银行业危机时，日本 162 家民间金融机构共同出资，成立了共同债权收购公司，负责收购各金融机构附有不动产的不良债权。①

第二种是当银行业普遍出现大规模危机时，由政府成立专门的资产管理机构，对不良资产进行统一管理和处置。波兰在 1993 年的银行重组计划中，在每家国有银行中设立"沉淀资产管理部"，代表政府的角色专门处置不良贷款，实现银行重组。捷克斯洛伐克为处理国内未偿付的债务，由财政部成立统一银行，专门负责将贷款转移至新设银行进行统一管理。我国在国有银行转制过程中设立的四家资产管理公司的做法也属于这种方式。

在处置不良资产过程中需要市场手段与行政手段相结合，这样在退出手段上既体现市场原则，又可以借助政府力量控制风险。我国的资产管理公司成立于1999 年，经过十几年的发展积累了一定的不良资产处置经验，但由于国有银行大部分不良资产的产生是政策性的，因此管理方式与国际经验有所不同。针对民营银行未来出现不良资产的处置工作，可以尝试通过贷款重组、进行不良资产证券化等方式多渠道进行管理。当然，这需要我国资本市场的完善，目前中国人民银行正在对不良资产证券化进行试点工作。

五、民营银行市场准入—退出相关配套制度

民营银行的建立是推进我国银行业民营化进行的关键举措。由于银行业的特殊性，世界各国在银行业民营化速度的快慢选择上积累了大量经验和教训。这些教训说明，在制度配套措施尚未健全之前，民营化速度快、数量多、过程缺乏保

---

① 赵民. 金融机构市场退出机制研究与案例分析［M］. 北京：知识产权出版社. 2008.

险措施，手段粗糙，最终只是迎合了掌握权力的官僚对银行业多元治理的需要。因此，对推进民营化进程的速度要持审慎的态度，并尽快建立相关的制度配套措施。

（一）完善监管法律体系

目前，针对民营银行市场准入—退出的专门性法律法规基本上还是空白，一切参照相关的商业银行法和一般性企业法。而名目繁多的各种管理办法、条例，有效时期长短不一且经常调整，容易发生重叠或冲突，给实际操作带来困难和漏洞。

一方面，完善民营银行准入—退出机制的法律框架。目前针对民营银行市场准入—退出的法律法规基本上参照相关的商业银行法和一般性企业法。名目繁多的各种管理办法、条例，有效时期长短不一，且经常调整，容易发生重叠或冲突，给实际操作带来困难和漏洞。建立起完善的民营银行监管法律体系，需要：首先，整理现有法律法规的立法层级，低层次法规服从于高层次法规，地方性条例服从中央条例；其次，在每一立法层级上进行法律、法规的完善，做到指导原则与具体实务并重，考虑指定法律类条文的实施细则，在处理实际问题时真正有法可依；最后，加强法律、法规之间的接续性和相容性，不断完善民营银行监管的法律体系。只有民营银行市场准入—退出法规的建立健全，才能在实际操作中做到科学、规范、有法可依。

另一方面，提高民营银行监管的科学性，提高监管效率，完善对民营银行监管措施。金融监管的能力和监管框架的完善是否是我国放开民营银行市场准入的重要考量之一。监管体系的不完善条件下，贸然开放民营银行的市场准入，会给银行业不规范和违法行为以温床，影响金融安全。渐进式的民营市场准入就是为了使金融监管机构的监管能力不断适应新的情况，面临新的挑战，使监管能力逐步提高。监管部门要不断及时、灵活地处理民营银行准入后带来的新情况、新问题，同时及时发现问题银行暴露出来的金融风险，安排实施民营银行的救助或市场退出决策，避免银行体系的安全性受到威胁。

（二）建立风险预警体系

1. 风险评级体系（Camels Rating System）

CAMELS 评级系统是根据巴塞尔委员会关于风险监管原则制定的，国际公认的商业银行风险监管框架，分为以下六个方面：

（1）资本充足性（Capital Adequacy）。根据《巴塞尔新资本协议》的要求，银行最低资本充足率不低于8%，核心资本充足率不低于4%。我国银行业监督管理委员依照资本充足率将商业银行分为三类（见表7-1）。此外，银监会对于中小银行的资本充足率近年来有所调整。大型银行资本充足率在11%以上，深圳发展银行、华夏银行、浦发银行、民生银行四家上市的中小银行，资本充足率2010年要求为10%以上。对于未上市的光大银行，2008年底要求保持在9%以上。面对宏观经济形势下行预期，调高资本充足率要求，是控制银行贷款规模扩张，提高银行资产质量，促进银行稳健发展的重要手段。

表7-1　我国商业银行按资本充足率分类标准

银行类型	资本充足率①	核心资本充足率②
资本充足的商业银行	不低于8%	不低于4%
资本不足的商业银行	不足8%	不足4%
资本严重不足的商业银行	不足4%	不足2%

资料来源：中国银行业监督管理委员会. 商业银行资本充足率管理办法［R］. 2004. 3. 1.

（2）资产质量（Asset Quality）。资产质量的考察指标包括不良贷款率、贷款集中度、拨备覆盖率，非信贷资产损失。以分析银行是否具有健全的风险分类制度和有效的风险管理程序。2008年9月，我国商业银行不良贷款率为5.49%，其中，国有商业银行不良贷款率7.35%，股份制商业银行不良贷款率1.59%，城市商业银行不良贷款率2.54%，农村商业银行不良贷款率4.44%。③

（3）管理水平（Management）。主要考察银行内部治理结构、决策机制、监督机制，激励约束机制，分析银行是否具有健全的内部控制制度。

（4）盈利水平（Earnings）。主要考察银行资产利润率、资本利润率、利息回收率、资产费用率。分析银行成本费用和收入盈利的水平及趋势。

（5）流动性（Liquidity）。我国银行业监督管理委员会提出，人民币业务流动性比例④≥25%，外币业务流动性比例≥60%。此外，还有人民币超额备付金率、外汇备付金率、存贷款比例、净拆借资金比率、流动性缺口等指标，用来考察银行流动性管理体系是否稳定。

（6）市场风险敏感性（Sensitivity to Market Risk）。市场风险主要包括利率风险、外汇风险、股本风险和商品风险。评估市场风险敏感度主要考察银行对上述因素变动时的敏感程度，银行内部管理层对识别和控制市场风险敞口的能力。

---

① 资本充足率＝（资本－扣除项）/（风险加权资产＋12.5倍市场风险资本）

② 核心资本充足率＝（核心资本－核心资本扣除项）/（风险加权资产＋12.5倍市场风险资本）

③ 银监会. 前9月中国境内商业银行不良贷款率5.49%［EB/OL］. news. cctv. com/financial/20081027/106766. shtml.

④ 流动性比例＝流动性资产/流动性负债×100%

综合评级是综合 CAMELS 各项要素，对银行综合风险情况给出的综合评定，采用五级分类：1 级，正常，银行十分稳健；2 级，基本正常，银行基本稳健，个别方面存在不太严重的未达监管标准的缺陷；3 级，关注，多方面未达监管标准，银行状况恶化；4 级，有问题，银行在多方面存在极大风险，需要考虑救助；5 级，危机，银行濒临倒闭，考虑救助或破产。

管理水平需要银行监管部门在民营银行的日常经营中进行监督。民营银行面临的可以量化的风险包括资产质量风险、流动性风险、资本充足性风险、盈利水平风险。资产质量风险主要是借款人不能按期偿还贷款给银行造成本金和利息的损失，对于贷款质量可以根据五级分类法进行衡量。流动性风险主要指银行资金结构比例失调，出现到期无法支付存款的风险，这里用存贷款比例、资产流动性比例、准备金比例拆入资金比例来衡量。资本充足性风险是指银行资本金不足而使银行面临破产倒闭的风险，一般用资本充足率、资本资产比例来衡量。盈利水平风险主要因为银行经营管理不善造成，盈利能力下降带来的银行风险。这里通过资产利润率、净资产盈利率等指标来衡量。民营银行面临的风险预警指标衡量标准体系见表 7–2。

表 7–2　民营银行风险预警指标评估体系　　　　　　　单位:%

风险类型	指标名称	风险状况			
		安全	基本安全	风险	严重风险
信用风险	不良贷款率	0 ~ 5	5 ~ 15	15 ~ 20	>20
	次级贷款率	0 ~ 3	3 ~ 9	9 ~ 12	>12
	可疑贷款率	0 ~ 2	2 ~ 4	4 ~ 6	>6
	损失贷款率	0 ~ 1	1 ~ 2	2 ~ 3	>3
流动性风险	存贷款比例	<60	60 ~ 75	75 ~ 85	>85
	资产流动性比例	>50	30 ~ 50	15 ~ 30	<15
	存款准备金比例	>9	7 ~ 9	5 ~ 7	<5
	拆入资金比例	0 ~ 2	2 ~ 4	4 ~ 6	>6
资本风险	资本资产比例	>10	5 ~ 10	3 ~ 5	<3
	资本充足率	>12	8 ~ 12	5 ~ 8	<5
经营风险	资产利润率	>1.5	1 ~ 1.5	0.8 ~ 1	<0.8
	净资本盈利率	>15	10 ~ 15	8 ~ 10	<8

2. 快速预警纠偏模型

快速预警机制源于美国 1991 年颁布的《联邦存款保险公司改进法》，模型中，根据 R_1、R_2、R_3 三个指标将银行分为五类（见表 7-3）。

表 7-3　快速预警纠偏模型

资本级别	$R_1$①	R_2	R_3	纠偏行为
良好	≥10	≥6	≥5	不受资本监管，不受命令制约，无须采取特别监管措施
充足	≥8	≥4	≥4	不受资本监管命令制约，无须采取特别监管措施
不足	<8	<4	<4	银行必须在 45 天内提交可行的资本恢复计划，制定将资本比例提高至资本良好或充足水平的详细措施。在资本补足之前，限制总资产的增加，银行支付管理费、分红、派息合并、开设分行和经营新业务要先经有关部门同意
严重不足	<6	<3	<3	除以上措施外，要求银行出售有表决权的股票，增加资本；指定银行被一家持股公司或与另一家银行合并；限制对高级管理人员发放股息，支付给存款人的利息不得少于本地区的利率水平；严格限制资产增长或减少总资产；停止或减少对该机构有额外风险的交易，限制与附属机构交易，禁止从代理机构接收存款；选举新的董事会，撤换董事或高级管理人员；未经美联储同意，禁止银行的持股公司分红；放弃或清理无清偿力的、危险的附属机构和处理本机构面临的严重风险；监管机关认为有必要的其他任何行动
致命不足	—	—	≤2	除非有适当的机构或联邦存款保险公司采取其他行动来更好地达到立即纠偏行为的目的，联邦存款保险公司有权在 90 天内指定接管人，若 9 个月后该银行资本状况仍无明显改善则被责令关闭，由接管人接管其全部债权债务

资料来源：Kuniho Sawamoto. Financial Stability in a Changing Enviroment ［M］. St. Martin Press, 1995：70.

可以看出，对 $R_1 < 6$，$R_2 < 3$ 的问题，银行采取收购、合并，限制经营手段，撤换管理人员等措施，而对于 $R_3 ≤ 2$ 的最低级别银行则安排其接管或关闭。快速预警机制是银行监管当局快速对银行进行风险识别并采取相应纠正措施的参考体系。在银行业监管当局发现银行资本低于规定标准是采取纠偏行为，以减少存款保险基金的损失。

3. 压力测试（Stress Testing）

压力测试是金融机构衡量潜在可能发生异常损失的模型。它是将银行置于特定极端情况下，测试银行在利率、汇率突变，信贷市场恶化，评级降低，流动性危机等市场情况突变的状况下，银行的承受能力。帮助银行了解潜在风险对银行

---

① R_1 ＝总资本/风险资产，R_2 ＝一级资本/风险资产，R_3 ＝一级资本/总平均资产

财务状况的影响程度，深入检测银行抵御市场风险的能力。

国际清算银行纳赛尔银行监管委员会 1995 年提出：主观机关若准许管辖机构采用内部风险模型为基础计算风险性资本准备时，必须要求其执行压力测试。① 压力测试分为敏感度分析和情境分析。前者是改变某一个特定的风险隐私，分析资产组合的变动。后者则是利用一组风险因子变动的情境，分析银行损失。

影响银行抗风险能力的因子主要包括：①宏观经济风险因子，包括经济衰退、生产总值缩减、失业率、与经济相关的政治因素；②市场风险因子，包括抵押品市场价格下跌、贷款拖欠；③交易对手风险因子，包括违约率、违约损失和违约风险暴露金额。

压力测试可以直观反映各风险因子的变动对银行资产结构影响程度。依照压力测试的结果，银行可以对资产组合进行重新估价，对比得出目前资产组合面临的最大危险因子以及不调整资产组合将面临的最大损失。

美联储在相关报告中都详细阐述了银行业压力测试的方法和进程，2009 年假设前提的重要内容包括 10.3% 的失业率和经济持续下滑，以对 2010 的信贷损失做出预测，调整减值拨备。② 国内银行按照我国银监会文件要求，建立了相关数据模型，假设内容包括了利率急剧上升、房地产贷款恶化、制造业贷款恶化等极端情况。

对于压力测试，我国目前已经将其列为银监会要求风险预警方面的常规性工作。2007 年底印发的《商业银行压力测试指引》中，规定了压力测试的主要极端情况，要求国有商业银行和股份制银行 2008 年底前制定本行的压力测试方案，并定期修订完善。方案包括压力测试的目标、程序方法、频度、报告线路以及相关应急处理措施。城市商业银行和其他商业银行也于 2009 年底开展压力测试工作。

对于新进入银行业市场的民营银行来说，资金流动性出现困难，贷款企业出现重大欺诈，利率调整带来的不利因素，授信集中的企业出现支付困难，业务相关度高的行业出现衰退，其他银行行为导致的不利影响等极端情况，都是民营银行需要进行压力测试的重要内容。

（三）推进利率市场化

利率是货币的价格，开放的金融市场的重要标志就是由市场机制决定的价格体系。市场化的利率更有利于优化资源的配置，提高资金使用效率。特别是对于

---

① The New Basel Capital Accord, Basel Ⅱ, CP3. 2003 (337).

② 银行业人士：无需担忧中国银行业压力测试［EB/OL］. http：//news. xinhuanet. com. 2009 – 05 – 06.

民营银行而言，市场化的利率约束着民营银行的资金来源，直接关系到民营银行的生存。

存款人在选择存款银行时，会对存款银行带给自身的利润和风险进行判断。从风险程度考虑，拥有存款准备金制度的条件下，即使民营银行品牌形象和服务质量都高于国有银行，但国有银行背后强大的国家信用使得存款风险趋近于零。民营银行想要吸收存款只能依靠更高的利润回报，即更高的存款利率吸引存款人。而在利率非市场化的条件下，存款人的这种更高的利益要求得不到满足，因此面对相同的回报率，理性的选择是将资金存到拥有国家无限信用的国有商业银行。如果民营银行的资金来源出现问题，信用扩张规模也会受到限制，直接影响民营银行的发展。同样，如果民营银行使用适当调高的存款利率，而贷款利率得不到适当浮动的话，直接挤占的是民营银行的利差收入，影响民营银行的盈利水平。

我国的利率市场化改革从 1994 年开始，目前已经开放了外币存贷款利率，但对于人民币存贷款利率一直是在一定范围内的管制之下。温州从 2002 年 10 月起允许贷款利率最高比国家基准利率上浮 70%，存款利率最高上浮 30%。2005 年 5 月 31 日，中国人民银行召开小额贷款试点工作会议，确定了陕西、四川、贵州、山西、内蒙古五省份为小额信贷试点地区。对于 "只贷不存" 的小额贷款公司的信贷利率，国家允许放开，但不可以是高利贷，最高限制为中国人民银行公布的贷款基准利率的 4 倍，下限为其 0.9 倍。

2013 年 7 月，央行取消了金融机构贷款利率下限。2016 年 10 月，央行取消了商业银行和农村合作金融存款利率上限。在利率政策方面，为鼓励民营银行为中小企业融资，促进地方经济发展，对于民营银行的展业，特别是对于符合国家产业政策的中小企业信贷，可以考虑精细化、差异化监管。针对民营银行吸储能力较弱，成本较高的现实情况，可以考虑进一步放宽民营银行的利率浮动范围，增强其经营自主决策权。在条件许可的前提下，可以考虑先行放开民营银行贷款利率，实行完全市场化，再逐步放开存款利率。

参考文献

英文文献

[1] Aghion P. and P. Bolton. Entry Prevention through Contracts with Customers [J]. American Economic Review, 1987 (77): 288 – 401.

[2] Allen N. Berger, Anil K. Kashyap, Joseph Scalise. The Transformation of the U. S. Banking Industry: What a Long Strang Trip It's Been. Brookings papers on Economics Activity [M]. Economic Studies Program, The Brookings Institution, 1995 (26).

[3] Arvan L. Sunk Capacity Costs, Long – Run fixed Costs, and Entry Deterrence Under Complete and Incomplete Information [J]. Rand Journal of Economics, 1986, 17 (1).

[4] Asli Demirguc Kunt, Luc Laeven, Ross Levine. Regulation, Market Structure, Institution, and the Cost of Financial Intermediation [M]. Federal Reserve Bank of Cleveland, 2003.

[5] Bain Joe S. Barriers to New Competition, Cambridge [M]. MA: Harvard University Press. 1956.

[6] Bamol W. , J. Panzar and R. Willing, Contestable Markets and the Theory of Market Structure [M]. New York: Harcourt, Brace, Jovanovich, 1982.

[7] Bain Joe S. A Note on Pricing in Monopoly and Oligopoly [M]. American Economics Review, 1949 (39).

[8] Bagehot W. Lombard Street: A Description of the Money Market [M]. London: H. S. King, 1873.

[9] Bain Joe S. Conditions of Entry and the Emergence of Monopoly. In E. H. Chamberlin ed. , Monopoly and Competition and Their Regulation [M]. London: Macmillan, 1954.

[10] Barth, Caprio and Levine. The Regulation and Supervision of Banks Around the World [M]. World Bank, Working Paper, 2001.

[11] Baumol W. , Bailey E. E. and Willing R. D. Weak Invisible Hand Theorems on the Sustainability of Prices in a Multiproduct Natural Monopoly [M]. American Economic Review, 1977 (67).

[12] Benoit J. P. Entry with Exit: An Extensive Treatment of Predation with Financial Constraints [M]. IMSSS Technical Report, NO. 405, Stanford University. 1983.

[13] Benoit J. P. Financial Constrained Entry in a Game with Incomplete Information [J]. The Rand Journal of Economics, 1984 (15).

[14] Bain Joe S. Industry Organization, first edition, John Wiley & Sons, Inc. 1959.

[15] Bernanke, Ben S. and Alan S. Blinder. Credit, Money and Aggregate Demand [J]. American Economic Review (Papers and Proceedings), 1988, 78 (2).

[16] Besanko D. , Donnenfeld, S. and While, L. J. Monopoly and Quality Distortion: Effects and Remedies [J]. Journal of Industrial Economics, 1988.

[17] Berger A. , Klapper L. , Udell G. The ability of banks to lend to informationally opaque small businesses [J]. Journal of Banking & finance, 2001.

[18] Berger Allen N, G. F. Udell, Small Business Credit Availability and Relationship Lending: The Importance of Bank Organizational Structure [M]. The Economic Journal, 2002.

[19] Bresnahan T. F & Reiss P. C. Entry and Competition in Concentrated Markets [J]. Journal of Political Economy, University of Chicago Press, 1989, 99 (5).

[20] C. C. von, Weizsacker, A Welfare Analysis of Barriers to Entry [J]. The Bell Journal of Economics, 1980 (11).

[21] Caves, Richard E. and Michael E. Porter. From Entry to Mobility Bariers [J]. Quarterly Journal of Economics, 1977.

[22] Carlin, Wendy, Mayer, Colin. Finance, Investment, and Growth [J]. Journal of Financial Economics, 2000, 69 (1).

[23] Caves, Richard E. and Michael E. Porter, "Barriers to Exit", Essays on Industrial Organization in Honor of Joe S. Bain, Cambridge [M] . MA: Ballinger, 1976.

[24] Charles W. Calomiris, Carlos D. Ramirez, The Political Economy of Bank

Entry Restrictions: Theory and Evidence from the U. S. in the 1920's [M]. Comments Welcome, 2004 (7).

[25] Clark J. M. Toward a Concept of Workable Competition [J]. American Economic Review, 1940 (30).

[26] Conoy M. , M. van Dijk J. Lemmen, R. de Mooij and J. Weigand. Competition and Stability in Banking [J]. CPB Document No. 15, Central Planning Bureau (Dutch Bureau for Econimic Policy Analysis). 2001.

[27] Corrigan E. G. Statement Before US Senate Committee on Banking [M]. Housing and Urban Affairs, Washington DC. 1990.

[28] Crockett A. The Theory and Practice of Financial Stability [J]. De Economist, 1996, 144 (4).

[29] D. F. Spulber, regulation and Market [M]. The MIT press, 1989.

[30] Demsetz, Harold. Barriers to Entry, American Economic Review [J]. American Economic Association, 1982, 72 (1).

[31] Demirguc – Kunt and Enria Detragiache, Financial Liberalization and Financial Fragility [M]. The World Bank Policy Research Working Paper, 1998.

[32] Douglass C. North, Institutions, Institutional Change and Economic Performance [M]. Cambridge University Press, 1990.

[33] Donald A. Hay and Derek J. Morris. Industrial Economics and organization [M]. Oxford: Oxford University Press, 1991.

[34] Gary H. Stern, Ron J. Feldman. Too Big To Fail: The Harzard of Bank Bailouts [M]. Brookings Institution Press, Washington DC, 2004.

[35] Gellhom E. and R. J. Pierce Jr. Regulated Industries. Sr. Paul [M]. West Publishing Co. 1982.

[36] Gilbert R. J. and D. M. G. Newbery. Preemptive Patenting and the Persistence of Monopoly [J]. American Economic Review, 1982, 72 (3).

[37] Goodhart C. A. E. The Evolution of Central Banks, London School of Economics and Political Science, 1985; Solow R. M. On the Lender of Last Resort in Financial Crisis: Theory, History, and Policy [M]. Cambridge University Press, 1982.

[38] Harold Hotelling. Stability in Competition [J]. The Economic Journal, 1929 (39): 41 –57.

[39] Henry Thornton. An Enquiry into the Nature and Effect of the Paper Credit of Great Britain. 1802.

[40] Hyman Minsky. The Financial Fragility Hypothesis: Capitalist Process and

the Behavior of the Economy, in Charles P. Kindlberger and Jean Pierre Laffargue (eds.) [M]. Financial Crisis, Cambridge University Press, 1982.

[41] J. Panzar and R. Willing. Contestable Markets and the Theory of Market Structure [M]. New York: Harcourt, Brace, Jovanovich, 1982.

[42] J. R. Barth, G. Caprioe Jr. R. Levine. The Regulation and Supervision of Bank Around the World [R] . A New Database, R. E. Litain, R. Herring, 2001.

[43] J. R. Barth, G. Caprioe Jr. R. Levine. The Regulation and Supervision of Banks Around the World – A New Database (Vol. 1) [M] . Cambridge University Press, 2005.

[44] James C. The Losses Realized in Bank Failure [J]. Journal of Finance, 1991 (9).

[45] Jean Tirole. Theory of Industrial Organization [M]. MIT Press. 1988.

[46] Kahn A. E. The Economics of Regulation, Principles and Institutions [M]. Cambridge, Mass, MIT Press. 1980.

[47] Kahn. A. D. The Economics of Regulation, Principles and Institutions [M]. New York ; Wiley, 1970.

[48] LaPorta R. , Lopez – de – Silanes F. , Shleifer: Law and Finance [J]. Journal of Political Economy, 2000 (10).

[49] Michael E. Porter. Competitive StrategyTechniques for Analyzing Industries and Competitors [M]. New York: The Free Press. 1980.

[50] Mitchell A. Petersen, Raghuram G. Rajan. The Effect of Credit Market Competition on Lending Relationships [J]. The Quarterly Journal of Economics, 1995, 110 (2).

[51] Mitnick B. M. , The Political Economy of Regulation [M]. New York: Columbia University Press, 1980.

[52] Molyneux P. , Loyd – Williams D. and Thornton J. Competitive Conditions in Europe Banking [J]. Journal of Banking and Finance, 1994 (18).

[53] Nicole Cetorelli, Pietro F. Peretto. Oligopoly Banking and Capital Accumulation [J]. FRB of Chicago Working Paper. 2000 (12).

[54] Paolo Angelini, Nicole Cetorelli. Bank Competition and Regulation Reform: The Case of Italian Banking Industry, Temi di discussion (Economic Working Papers) 380 [J]. Bank of Italy, Economic Research Department. 2000.

[55] Panzar J. C. and Rosse J. N. Testing For 'Monopoly' Equilibrium [J]. The Journal of Industrial Economics, 1987 (35).

［56］ Paul Romer, Increasing Returns and Long – Run Growth ［J］. The Journal of Political Economy, 1986.

［57］ Philp E. Strahan. Comment on "Regulations, Martket Structure, Institutions, and the Cost of Financial Intermediation", Journal of Money, Credit, and Banking ［M］. The Ohio State University Press, 2004（36）.

［58］ Robert E. Lucas, On the Mechanics of Economic Development, Journal of Monetary Economics, 1988.

［59］ Robert Deyoung, William C. Hunter, Gregory F Udell, The Past, Present, and Probably Future for Community Banks ［M］. Working Paper Federal Reserve Bank of Chicago, 2003（14）.

［60］ Schmalensee R. Entry Deterrence in the Ready – to – Eat Breakfast Cereals Industry ［J］. Bell Journal of Economics, 1978（9）.

［61］ Shapiro D. and R. S, Khemani. The Determinants of Entry and Exit Reconsidered ［J］. International Journal of Industrial Organization. 1987（5）.

［62］ Spence A. M. Entry, Capital, Investment and Oligopolistic Pricing ［J］. Bell Journal of Economy. 1977（10）.

［63］ Stigler, George J. The Organization of Industry. Homewood ［M］. IL: Richard D. Irwin, 1968.

［64］ Stigler G. J. Perfect Competition, Historically Contemplated ［J］. Journal of Political Economy, 1957, 65（1）.

［65］ Stigliz, Weiss Rationing in Market with Imperfect Information ［J］. The American Economic Review. 1988（3）.

［66］ Stein J. C. Waves of Creative Destruction: Firm – Specific Learning – by – Doing and the Dynamics of Innovation ［J］. Review of Economic Studies, 1997（64）.

［67］ Stigler G. J. The Organization of Industry ［M］. Homewood, Ⅲ: Irwin, 1968.

［68］ Stiglitz, Joseph E. and Andrew Weiss Credit Rationing in Markets with Imperfect Information ［J］. American Economic Review, 1991（71）.

［69］ Sylos – Labini P. Oligopoly and Technical Progress ［M］. Cambridge, MA: Harvard University Press, 1962.

［70］ T. Helloman K. Murdock & J. E. Stiglitz, Addressing Moral Harzard in Banking: Deposit Rate Control vs. Capital Requirements ［M］. Mimeo: Standford University, 1993.

[71] Telser L. G. Cutthroat Competition and the Long Purse [J]. Journal of Law and Economics Transformation, 1966, 9 (2).

[72] The New Basel Capital Accord [R]. Basel Ⅱ, CP3. (337) . 2003.

[73] Timothy. Bresnahan. The Oligopoly Solution Concept is Identified [M]. Economics Letter, 1982.

[74] Top 500 Banking Brands of 2010 [R]. The Banker. 2010 (2).

[75] Torsten Wezel, Foreign Bank Entry into Emerging Economies; An Empirical Assessment of the Determinants and Risks Predicated on German FDI Dat Discussion PaperSeries1; Studies of the Economic Research Centre No. 01, 2004.

[76] Tullock G. The Welfare Costs of Tariffs, Monopolies and Theft [J]. Western Economic Journal: 1967 (5).

[77] Urban G. T. Carter and S. Gaskin Market Share Rewards to Pioneering Brands [J]. Management Science, 1984 (32).

[78] Vander Weide J. H. and Zalkind J. H. Deregulation and Oligopolistic Pricequality Rivalry [M]. American Economic Review. 1981.

[79] Varian H. R. Microeconomic Analysis (Third Edition), New York [M]. London: W. W. Nortion & Company. 1992.

[80] Viscusi W. K. The Lulling Effect: The Impact of Child Resistant Packaging on Aspirin and Analgesic Ingestions [M]. American Economic Review. 1984.

[81] Von Weisacker. C. A Welfare Analysis of Barrier to Entry [M]. The Bell Journal of Economics, 1980, 11 (2).

[82] Von Weisacker. C. Barriers to Entry: A Theoretical Treatment [M]. Berlin and New York: Springer – Verlag. 1980.

[83] Wenders, John T. Collusion and Entry [J]. Journal of Political Economy. 1971 (79).

[84] William H. Greene. Econometric Analysis (3rd Edition) [J]. Prentice – Hall, Inc. 1997.

[85] Williamson O. Selling Expense as a Barrier to Entry [M]. Quarterly Journal of Economics (IXX Ⅶ) . 1963.

[86] Williamson O. Wage Rates as a Barriers to Entry [J]. Quarterly Journal of Economics. 1963 (82).

[87] Xavier Frelas and Jean Charles Rochet. Microeconomics of Banking [M]. The MIT Press, 1997.

中文文献

［1］T. 贝克，埃斯里·德米尔古克—肯特，罗斯·莱文. 金融结构和经济增长［M］. 黄纯纯译. 北京：中国人民大学出版社，2006.

［2］乔治·施蒂格勒. 产业组织［M］. 王永钦，薛锋译. 上海：上海人民出版社，2006.

［3］约翰·A. 戈达德，菲利普·莫利纽克斯，约翰·O. S. 威尔逊. 欧洲银行业效率、技术与增长［M］. 曹小敏译. 北京：中国人民大学出版社，2006.

［4］安德鲁·盛. 银行业重组——从 20 世纪 80 年代银行危机中得到的经验教训［M］. 北京：金融出版社，2001.

［5］白钦先. 比较银行学［M］. 郑州：河南人民出版社，1989.

［6］陈岩. 中国民营银行行动纲领［M］. 北京：经济管理出版社，2003.

［7］陈颖. 商业银行市场准入与退出机制问题研究［M］. 北京：中国人民大学出版社，2007.

［8］丹尼尔·斯. 管制与市场［M］. 余晖、何帆等译著. 上海：上海三联出版社，1999.

［9］高鸿业. 西方经济学（第 2 版）［M］. 北京：中国人民金融出版社，1999.

［10］哈罗德·德姆塞茨. 竞争的经济、法律与政治制度［M］. 陈郁译. 北京：生活·读书·新知三联书店，1992.

［11］韩冰. 凤凰涅槃——问题银行救助机制研究［M］. 北京：中国金融出版社，2007.

［12］韩俊. 银行体系稳定性研究［M］. 北京：中国金融出版社，2000.

［13］何文广. 德国金融制度研究［M］. 北京：中国劳动社会保障出版社，2000.

［14］黄孟复. 中国民营企业发展报告［M］. 北京：社会科学文献出版社. 2005.

［15］金碚. 产业组织经济学［M］. 北京：经济管理出版社，1999.

［16］科斯，阿尔钦、诺斯等. 财产权利与制度变迁（中译本）［M］. 上海：上海人民出版社，1994.

［17］李查德·R. 纳尔逊，悉尼·G. 温特. 经济变迁的演化理论（中译本）［M］. 北京：商务印书馆，1997.

［18］李建. 当代西方货币金融学说［M］. 北京：高等教育出版社，2006.

［19］李悦，李平. 产业经济学［M］. 沈阳：东北大学出版社，2002.

［20］李金泽．跨国银行市场准入法律制度［M］．北京：法律出版社，2003.

［21］李有星．银行风险防治的法律研究［M］．杭州：浙江大学出版社，2002.

［22］李豪明．英美银行监管制度比较与借鉴［M］．北京：中国金融出版社，1998.

［23］李扬，杨思群．中小企业融资与银行［M］．上海：上海财经大学出版社，2001.

［24］李子奈，叶阿忠．高等计量经济学［M］．北京：清华大学出版社，2000.

［25］林平．银行危机监管论［M］．北京：中国金融出版社，2002.

［26］刘士余．银行危机与金融安全网的设计［M］．北京：经济科学出版社，2003.

［27］刘士余．存款保险制度研究——2005年存款保险国际论坛文集［M］．北京：中国金融出版社，2006.

［28］刘仁伍，吴竟择．国际金融监管前沿问题［M］．北京：中国金融出版社，2003.

［29］罗纳德·麦金农经济自由化的顺序［M］．李若谷，吴红卫译．北京：中国金融出版社，1993.

［30］马克思．资本论（第三卷）［M］．北京：人民出版社，1975.

［31］马建堂．结构与行为［M］．北京：中国人民大学出版社，1993.

［32］彭兴韵．金融发展的路径依赖与金融自由化［M］．上海：上海人民出版社，2002.

［33］朴明根．二元经济与我国金融危机防范研究［M］．北京：经济科学出版社，2006.

［34］乔治·J．斯蒂格勒．产业组织和政府管制（中译本）［M］．上海：上海三联书店，1989.

［35］秦艳梅．中小企业融资选择和策略［M］．北京：经济科学出版社，2005.

［36］阙方平．有问题银行处置制度安排［M］．北京：中国经济出版社，2001.

［37］让·帕斯卡尔，贝纳西．宏观经济学：非瓦尔拉斯分析方法导论（中译本）［M］．上海：上海人民出版社，1994.

［38］石俊志．金融危机生成原理与防范［M］．北京：中国金融出版

社，2001.

[39] 斯蒂芬·马丁. 高级产业经济学 [M]. 史东辉译. 上海：上海财经大学出版社，2003.

[40] 孙伍琴. 不同金融结构下的金融功能比较 [M]. 北京：中国统计出版社，2003.

[41] 孙天琦. 金融组织结构研究，寡头主导，大、中、小共生 [M]. 北京：中国社会科学出版社，2002.

[42] 泰勒尔. 产业组织理论 [M]. 北京：中国人民大学出版社，1998.

[43] 王颖捷. 金融产业组织的市场结构 [M]. 北京：机械工业出版社，2004.

[44] 王俊豪. 现代产业组织理论与政策 [M]. 北京：中国经济出版社，2000.

[45] 王志军. 欧盟银行结构发展研究 [M]. 北京：中国金融出版社，2007.

[46] 王国刚. 中国金融改革与发展热点 [M]. 北京：社会科学出版社，2007.

[47] 吴许均. 中国商业银行贷款定价研究 [M]. 北京：社会科学文献出版社，2007.

[48] 夏大慰. 产业组织学 [M]. 上海：复旦大学出版社，1994.

[49] 小艾尔弗雷德·D. 钱德勒. 看得见的手——美国企业的管理革命（中译本）[M]. 北京：商务印书馆，1997.

[50] 新帕尔格雷夫经济学大辞典（第二卷）[M]. 北京：经济科学出版社，1996.

[51] 熊继洲. 民营银行——台湾的实践与内地的探索 [M]. 上海：复旦大学出版社，2003.

[52] 徐诺金. 美国银行业危机处置 [M]. 北京：中国金融出版社，2004.

[53] 杨治. 产业经济学导论 [M]. 北京：中国人民大学出版社，1985.

[54] 杨德勇. 金融监管论 [M]. 呼和浩特：内蒙古人民出版社，1998.

[55] 杨德勇. 金融产业组织理论研究 [M]. 北京：中国金融出版社，2004.

[56] 杨凯. 金融危机处置与退市法律保障 [M]. 北京：中国社会科学出版社，2003.

[57] 杨蕙馨. 企业的进入退出与产业组织政策——以汽车制造业和耐用消费品制造业为例 [M]. 上海：上海三联书店，上海人民出版社，2000.

[58] 杨大光．中国银行业反垄断问题研究［M］．北京：经济科学出版社，1996.

[59] 于立，王询：当代西方产业组织学［M］．大连：东北财经大学出版社，1996.

[60] 晏宗新．金融管制与竞争理论研究——兼论中国金融业的管制问题［M］．合肥：中国科技大学出版社，207.

[61] 臧旭桓，徐向艺，杨蕙馨．产业经济学［M］．北京：经济科学出版社，2002.

[62] 赵民．金融机构市场退出机制研究与案例分析［M］．北京：知识产权出版社，2008.

[63] 赵国庆．计量经济学［M］．北京：中国人民大学出版社，2002.

[64] 赵农，刘小鲁．进入与退出的壁垒：理论及其应用［M］．北京：中国市场出版社，2007.

[65] 中国人民银行西安分行课题组．最后贷款人与金融稳定［M］．北京：经济科学出版社，2007.

[66] 周立，戴志敏．中小商业银行竞争力与发展［M］．北京：中国社会科学出版社，2003.

[67] 周其仁．产权与制度变迁——中国改革的经验研究（增订本）［M］．北京：北京大学出版社，2004.

[68] 朱·弗登博格，让·梯若尔．博弈论［M］．北京：中国人民大学出版社，2002.

[69] 朱文晖．"过剩"的中国经济［M］．北京：浙江人民出版社，1998.

[70] 诸葛隽．民营金融：基于温州的探索［M］．北京：中国经济出版社，2007.

[71] 安俊，陈志祥．中国银行业的有效竞争研究［J］．财贸经济，2001（8）．

[72] 安启雷，陈超．金融机构市场退出机制的国际比较与我国的制度选择［J］．金融研究，2003（10）．

[73] 安翔．路径依赖下民营金融发展的国际比较——以美国社区银行和日本农村合作金融的发展为例［J］．经济问题，2007（8）．

[74] 北大中国经济研究中心宏观组．设计有效的存款保险制度［J］．金融研究，2003（11）．

[75] 曹啸．中国转轨时期民营金融机构的发展困境：一个理论视角［J］．金融论坛，2008（8）．

[76] 昌忠泽．进入壁垒、退出壁垒和国有企业产业分布的调整［J］．经济理论与经济管理，1997（3）．

[77] 陈建青，周晔，赵涛．银行市场结构研究新进展［J］．经济学动态，2004（6）．

[78] 陈小平．九五时期我国金融监管的基本思路［J］．现代财经，1997（6）．

[79] 戴园晨．"投资乘数失灵"带来的困惑与思索［J］．经济研究，1999（8）．

[80] 丁俊．我国金融机构市场退出制度的内在缺陷及对策［J］．金融论坛，2001（2）．

[81] 董红蕾．银行为何成为规制之矢，银行规制理论文献综述［J］．上海经济研究，2005（1）．

[82] 董成书，李剑锋．关于我国民营资本进入银行业的思考［J］．科技资讯，2007.10.

[83] 董艳华，荣朝和．产业组织理论的主要流派与近期进展［J］．北方交通大学学报（社会科学版），2003（6）．

[84] 杜莉，姚鑫．论我国银行产业组织结构再造［J］．当代经济研究，2002（7）．

[85] 樊纲．克服信贷萎缩与银行体系改革［J］．经济研究，1999（8）．

[86] 樊纲．发展民间金融干预金融体制改革［J］．光彩，2001（4）．

[87] 范湘凌．救助性并购：问题金融机构市场退出的路径选择［J］．西南金融，2008（2）．

[88] 冯瑞．我国金融民营化面临的困境及对策［J］．郑州轻工业学院学报（社会科学版），2005（4）．

[89] 付强．单个银行失败的因素分析——亚洲金融危机再研究［J］．经济科学，2005（1）．

[90] 葛兆强．银行并购、商业银行成长与我国银行业发展［J］．国际金融研究，2005（2）．

[91] 郭怀英．垄断性服务性行业的市场化改革，国际比较及其启示［J］．宏观经济研究，2004（12）．

[92] 郭冬乐，宋则．通向公平竞争之路：中国转轨期间市场秩序研究［M］．北京：社会科学文献出版社，2001.

[93] 郭立宏．论我国产业市场低进入壁垒高退出壁垒的矛盾与治理［J］．经济改革．1995（2）．

［94］韩端，李燕平．中国上市银行特许权价值与风险行为［J］．金融研究，2006（12）．

［95］黄国强，陈瑞华．我国金融机构市场退出的制度安排构想［J］．特区经济，2008（7）．

［96］黄宪，王方宏．中国与德国国有银行效率差异及其分析［J］．世界经济，2003（2）．

［97］黄金老．利率市场化与商业银行风险控制［J］．经济研究，2001（1）．

［98］黄金老．美国的小企业金融服务［J］．银行家，2002（10）．

［99］江小涓．市场化进程中的低效率竞争［J］．经济研究，1998（3）．

［100］姜建清．银行信贷退出理论和实践研究［J］．金融研究，2004（1）．

［101］肯尼思·斯庞，理查德·沙利文．股权私有化与银行绩效正相关［J］．银行家，2007（4）．

［102］李春兰．私有化与资本主义的金融化［J］．国外理论动态，2007（9）．

［103］李德．开放经济中的银行监管研究［J］．财贸经济，2001（4）．

［104］李宗怡，翼勇鹏．我国是否应建立显性存款保险制度［J］．国际金融研究，2003（5）．

［105］厉以宁．民营资本进入银行的四大途径［J］．经济研究参考，2002（7）．

［106］林毅夫，李永军．中小金融机构发展与中小企业融资［J］．经济研究，2001（1）．

［107］林毅夫，姜烨．经济结构，银行业结构与经济发展——基于分省面板数据的实证分析［J］．金融研究，2006（1）．

［108］凌亢等．银行体系稳定性和效率关系模型分析［J］．金融研究，2000（12）．

［109］刘建平．产业进退壁垒，国有企业大面积长期亏损的另一种解说［J］．经济评论，1999（1）．

［110］刘军梅．从产权结构与金融相关比率看俄罗斯金融发展［J］．复旦学报（社会科学版），2006（4）．

［111］刘贵生，孙天琦．关于格尔木市八家信用社市场退出的案例研究——从CAMEL、金融安全网框架的分析［J］．西部金融，2007（7）．

［112］刘莹．金融机构市场退出的制度设计［J］．中国金融，2008（14）．

［113］陆跃祥，刘帆．中国商业银行改革：战略重点与障碍跨越［J］．经济

管理，2004（11）．

[114] 陆军．英国银行业监管及其问题［J］．世界经济交汇，1997（5）．

[115] 马建堂．论进入壁垒［J］．经济研究资料，1992（11）．

[116] 毛睿．试论我国非正式金融存在的问题［J］．时代经贸，2007（8）．

[117] 裴桂芬．美日监管当局处理金融机构危机方式的比较［J］．世界经济与政治，2000（7）．

[118] 钱小安．存款保险的道德风险、约束条件与制度设计［J］．金融研究，2004（8）．

[119] 秦琴．防范金融风险的第三力量：存款保险制度［J］．重庆工学院学报（社会科学），2008（5）．

[120] 盛文军．金融机构退出设计研究——金融监管的视角［J］．金融观察，2008（3）．

[121] 史晋川，严谷军．经济发展中的金融深化——以浙江民营金融发展为例［J］．浙江大学学报（人文社会科学版），2001（6）．

[122] 宋清华．金融体系变迁和中国金融改革取向［J］．财贸经济，2001（12）．

[123] 苏争鸣．民间金融民营化与金融制度的完善［J］．经济管理，2006（11）．

[124] 孙莉．我国民营金融机构的发展与定位——国外社区银行的启示［J］．山西财政税务专科学校学报，2004（6）．

[125] 谭向东．我国民营金融发展的障碍及对策［J］．湖南财经高等专科学校学报，2005（4）．

[126] 汪小亚，李振江，袁德法．大突破——世纪门槛的中国金融改革［M］．北京：中国金融出版社，1997（4）．

[127] 王林昌，付华．市场准入秩序内涵与构成要素分析［J］，中国工商管理研究，2001（9）．

[128] 王松华．中国民营金融的发展现状及其对策研究［J］．经济师，2005（3）．

[129] 王自力．民营银行准入：目前还宜缓行［J］．南方金融，2002（8）．

[130] 吴韦华．提高商业银行竞争力，市场结构改革还是产权结构改革［J］．中南财经政法大学学报，2005（1）．

[131] 吴伯崇．近20年来西方金融自由化理论研究的最新进展［J］．国外社会科学，2008（4）．

[132] 熊继洲．韩国银行体制变革的经验与启示［J］．经济纵横，2005

（3）．

[133] 徐向梅．俄罗斯国有银行：优势地位、私有化及启示 [J]．广东金融学院学报，2007（5）．

[134] 谢地，李世朗．我国国有企业退出壁垒分析及对策 [J]．当代经济研究，2002（8）

[135] 颜海波．中国建立存款保险制度所面临的困境与选择 [J]．金融研究，2004（11）．

[136] 杨蕙馨．从进入退出角度看中国产业组织的合理化 [J]．东南大学学报，2000（4）．

[137] 杨德勇，王桂贤．我国银行业垄断与效率的经济学分析 [J]．财贸经济，2001（12）．

[138] 杨德勇．垄断与效率，我国银行业市场结构现状分析 [J]．现代财经，2001（12）．

[139] 杨晓光，卢授水．信贷供给瓶颈与银行业寡头结盟的市场结构 [J]．金融研究，2003（9）．

[140] 杨海平．对民间融资的三点认识 [J]．中国金融，2008（4）．

[141] 杨谊．显性部分存款保险下的有效银行退出机制——基于成本收益分析下的博弈分析 [J]．财经科学，2005（5）．

[142] 杨宜，赵睿．2003 年以来美国银行业的新发展 [J]．国际金融研究，2004.9.

[143] 叶欣，郭建伟，冯宗宪．垄断到竞争，中国商业银行业市场结构的变迁 [J]．金融研究，2001（11）．

[144] 于国安．国有企业退出竞争性领域的壁垒分析 [J]．财政研究，2002（5）．

[145] 干春晖，闫星宇．掠夺性定价理论综述 [J]．经济学动态，2004（3）．

[146] 于立．国有企业进入和退出产业的障碍分析 [J]．经济研究，1991（8）．

[147] 于为群．治理中国金融不良资产的制度选择 [J]．财贸经济，2000（6）．

[148] 余劲松．我国金融结构市场退出问题研究 [J]．经济师，2004（4）．

[149] 曾之明．论中国存款保险制度的构建 [J]．财经理论与实践，2002（3）．

[150] 张军．转轨经济中"过度进入"问题——对重复建设的经济学分析

[J]. 复旦学报，1998（1）.

[151] 张伟，闫虹. 理性进入和退出，走出微利经济 [J]. 财经问题研究，2000（10）.

[152] 张磊. 银行业的产业结构，行为与绩效——从产业组织学角度对银行业进行分析 [J]. 外国经济与管理，2000（3）.

[153] 张蓉. 谈政府在银行私有化改革中作用 [J]. 商业时代，2008（18）.

[154] 张军. 所有制、厂商规模与中国工业企业利润率的决定：解释及其政策含义 [J]. 产业经济评论，2002（1）.

[155] 张秋云. 中国银行业市场结构重组的制度创新 [J]. 北方经贸，2004（4）.

[156] 张静，张乐. 金融机构市场退出的若干问题及立法完善 [J]. 金融论坛，2004（10）.

[157] 赵紫剑. 银行规模经济问题研究综述 [J]. 经济学动态，2004（10）.

[158] 赵怀勇，王越. 论银行的规模经济 [J]. 国际金融研究，1999（4）.

[159] 赵农. 制度性退出壁垒下宏观经济政策的有效性 [J]. 经济学家，2000（5）.

[160] 中国社会科学院财贸经济研究所. 完善市场秩序的政策研究——中国经济体制转轨期间市场秩序法制化、规范化问题研究 [J]. 财贸经济，2000（1）.

[161] 周勤，季敏. 沉淀成本理论综述 [J]. 经济学动态，2003（1）.

[162] 周文骞. 中国个体经济、私营经济的现状和发展趋势 [J]. 浙江大学学报（人文社会科学版）. 1992（2）.

[163] 诸廷助，陈华龙，赵玉花. 金融危机后韩国银行业的新发展 [J]. 国际金融研究，2005（3）.

[164] 王健安. 构建民营银行的发展环境 [J]. 中国科技投资，2011（8）.

[165] 林贵. 发达国家促进中小民营银行发展的做法和启示 [J]. 经济纵横，2012（8）.

[166] 王雪玉. 民营银行落地在望 [J]. 金融科技时代，2013（9）.

[167] 葛丰. 民营银行门槛不宜过低 [J]. 中国经济周刊，2013（38）.

[168] 阳晓霞. 民营银行：梦想照亮未来 [J]. 中国金融家，2013（8）.

[169] 巴曙松. 商业银行与互联网银行呈现从竞争到融合趋势 [J]. 中国银行业，2017（10）.

［170］施雨水，李江源，王艳超．我国民营银行特有风险与风险管理［J］．现代管理科学，2017（7）．

［171］赵升平．互联网金融开辟民营银行发展新路径［J］．中国外资，2017（5）．

［172］张梓童，刘鑫．我国民营银行发展情况及趋势［J］．内蒙古科技与经济，2017（4）．

［173］张舒月．我国民营银行的经营模式研究［J］．商场现代化，2017（2）．

［174］柴瑞娟，隋禾．中国民营银行的经营风险与法律规制——以美国社区银行为镜鉴［J］．理论学刊，2016（5）．

［175］罗春婵，姜岩．首批试点民营银行的比较分析［J］．金融经济，2016（2）．

［176］刘浩，安室友．民营银行的风险处置模式［J］．中国金融，2015（7）．

学位论文

［1］蔡丛露．银行业市场结构、产权结构与金融稳定研究［D］．厦门大学博士学位论文，2007.

［2］陈华．转轨时期国有银行脆弱性的分析与实证研究［D］．苏州大学博士学位论文，2004.

［3］陈志祥．中国金融业的垄断与竞争研究［D］．武汉大学博士学位论文，2002.

［4］陈轶岚．我国商业银行的市场退出问题研究［D］．厦门大学硕士学位论文，2008.

［5］单晶晶．我国发展小银行的客观性与可行性研究［D］．天津财经大学硕士学位论文，2007.

［6］丁杰．中国问题银行机构市场退出制度研究［D］．厦门大学硕士学位论文，2008.

［7］杜冬艳．商业银行市场退出中的特殊法律问题研究［D］．西北大学硕士学位论文，2007.

［8］范学俊．金融发展与经济增长——1978～2005中国的实证研究［D］．华东师范大学博士学位论文，2007.

［9］郭为．中国的金融抑制与经济增长［D］．复旦大学博士学位论文，2004.

［10］高永伟．我国有问题银行市场退出机制研究［D］．西南财经大学硕士学位论文，2007．

［11］龚智强．开放条件下我国银行业经营机制转型与风险防范［D］．西南财经大学博士学位论文，2007．

［12］顾锋锋．经济转轨国家银行危机问题研究［D］．华东师范大学硕士学位论文，2006．

［13］房亚丹．论美国对问题银行的处理及其对中国的启示［D］．吉林大学硕士学位论文，2006．

［14］冯启德．新巴塞尔协议视角的商业银行信用风险管理研究［D］．复旦大学博士学位论文，2006．

［15］韩康．中国银行业市场结构优化问题研究［D］．中共中央党校博士学位论文，2007．

［16］黄励岗．我国小型商业银行制度研究［D］．济南大学硕士学位论文，2006．

［17］黄蕙．银行市场约束机制研究［D］．复旦大学博士学位论文，2006．

［18］胡士华．农村非正规金融发展问题研究［D］．西南大学硕士学位论文，2007．

［19］皇甫秀颜．我国商业银行信用风险的识别与评价研究［D］．厦门大学硕士学位论文，2006．

［20］黄励岗．我国小型银行制度研究［D］．暨南大学硕士学位论文，2006．

［21］梁红．中国存款保险制度研究［D］．西北农林科技大学硕士学位论文，2001．

［22］金正茂．现代商业银行信用风险管理技术研究［D］．复旦大学博士学位论文，2005．

［23］康京平．问题银行市场退出机制研究［D］．西南财经大学硕士学位论文，2006．

［24］李小敏．存款保险制度国际比较研究［D］．东北财经大学硕士学位论文，2003．

［25］李建华．我国发展民营银行研究［D］．首都经济贸易大学硕士学位论文，2006．

［26］林昆辉．两岸中小企业发展、融资与信用保证体系的比较研究［D］．中南大学博士学位论文，2003．

［27］凌婕．银行私有化改革：理论与国际经验［D］．华东师范大学博士学位论文，2004．

［28］刘文婷：我国金融机构市场退出制度的评价与重构［D］．天津财经大学硕士学位论文，2008．

［29］刘云珊．存款保险制度与定价研究［D］．东北财经大学硕士学位论文，2005．

［30］卢阳春．转型期中国民间资本进入银行业的制度变迁研究［D］．西南财经大学博士学位论文，2005．

［31］鲁星城．商业银行退出机制与存款人利益保障法论［D］．安徽大学硕士学位论文，2006．

［32］苗革立．美日商业银行产权制度比较研究［D］．吉林大学博士学位论文，2004．

［33］牟健．金融机构市场退出法律制度研究［D］．山东大学硕士学位论文，2005．

［34］商园波．非正规金融在我国金融生态中的地位和作用分析［D］．上海财经大学硕士学位论文，2005．

［35］师敏．商业银行市场退出机制研究［D］．对外经济贸易大学硕士学位论文，2006．

［36］孙海文．存款保险制度的国际比较与运行环境建设［D］．东北财经大学硕士学位论文，2006．

［37］汪世新．银行信用风险管理博弈分析［D］．复旦大学博士学位论文，2004．

［38］王遇春．失败银行市场退出处置的国际比较研究［D］．厦门大学硕士学位论文，2006．

［39］王宗芳．中国银行业市场结构优化问题研究［D］．中共中央党校硕士学位论文，2007．

［40］王革．中国转轨时期民间金融研究［D］．中国社会科学院研究生院博士学位论文，2002．

［41］席为忠．我国商业银行退出机制研究［D］．苏州大学硕士学位论文，2006．

［42］肖国胜．我国金融机构市场退出研究［D］．武汉大学硕士学位论文，2005．

［43］刑军峰．中国民营银行准入的研究［D］．河南大学硕士学位论文，2005．

［44］徐芳．商业银行危机预警体系研究［D］．复旦大学博士学位论文，2004．

[45] 杨华．新巴塞尔协议框架下商业银行内部评级系统研究 [D]．上海交通大学硕士学位论文，2007．

[46] 杨大光．中国银行业反垄断问题研究 [D]．吉林大学博士学位论文，2004．

[47] 袁洪章．股份制商业银行信用风险研究 [D]．暨南大学博士学位论文，2005．

[48] 张荣峰．开放经济下银行稳定研究 [D]．上海社会科学院博士学位论文，2007．

[49] 张蓉．全球视角下银行私有化研究 [D]．辽宁大学博士学位论文，2007．

[50] 张薇：我国民营银行准入的问题研究 [D]．吉林大学博士学位论文，2008．

[51] 张平山：我国商业银行市场退出机制研究 [D]．华东师范大学博士学位论文，2005．

[52] 张庆亮：中国农村民营金融发展研究 [D]．中国农业科学院博士学位论文，2007．

[53] 张威：中国银行监管的问题与对策研究 [D]．天津财经大学博士学位论文，2008．

[54] 赵赞扬：我国商业银行市场退出法律制度研究 [D]．北京交通大学博士学位论文，2008．

[55] 赵革．中国社区型银行的制度分析 [D]．天津财经大学博士学位论文，2008．

[56] 赵紫剑．中国商业银行规模经济问题研究 [D]．中央财经大学博士学位论文，2004．

[57] 周楠．我国发展民营银行的现实路径选择 [D]．厦门大学博士学位论文，2004．

[58] 朱雪华：1998—2006中国银行业市场竞争度的实证分析 [D]．中国人民大学博士学位论文，2008．

[59] 卓凯：非正规金融、制度变迁与经济增长 [D]．华中科技大学博士学位论文，2005．

[60] 王晓晨：我国民营银行的发展思考 [D]．西南财经大学博士学位论文，2012．

[61] 谷雨：我国民营银行市场准入法律制度研究 [D]．北方工业大学博士学位论文，2017．

法律、法规

［1］《中华人民共和国中国人民银行法》（2004 年修订）

［2］《中华人民共和国商业银行法》（2004 年修订）

［3］《中华人民共和国公司法》

［4］《金融机构高级管理人员任职资格管理办法》

［5］《中华人民共和国外资金融机构管理条例》

［6］《中华人民共和国外资金融机构管理条例事实细节》

［7］《农村商业银行管理暂行规定》

［8］《农村合作银行管理暂行规定》

［9］《商业银行建立同城营业网点管理办法》

［10］《商业银行资本充足率管理办法》

［11］《股份制商业银行风险评级体系（暂行)》

［12］《金融许可证管理办法》

［13］《中国银行业监督管理委员会行政许可证可实施程序规定》

［14］《中国银行业监督管理委员会中资商业银行行政许可事项实施办法》

［15］《中国银行业监督管理委员会合作金融机构行政许可事项实施办法》

［16］《中国银行业监督管理委员会外资金融机构行政许可事项实施办法》

数据资料、报章杂志及相关网站

广东民营经济信息网，http：//www. gdcei. com.

中国中小企业研究，http//www. sme2000. com. cn.

中国人民银行，http：//www. pbc. gov. cn.

中华人民共和国统计局，http：//www. stats. gov. cn.

中国银行业监督管理委员会网站，http：//www. cbrc. gov. cn.

金融界网站，http：//www. jrj. com.

FDIC 网站，www. fdic. gov.

谷歌学术搜索，http：//scholar. google. cn.

《中国金融年鉴》《中国统计年鉴》《资本市场杂志》

《金融时报》《经济观察报》、*The Banker*